マネジメント力

トヨタ流

最強企業「人づくり」の真髄

TOYOTA MOTOR CORP.

若松義人
カルマン社長Wakamatsu Yoshihito

経済界

「トヨタの上司」は「すごい部下」をどう育てるのか――まえがき

トヨタ自動車副会長の張富士夫《ちょう》氏が、上司だった大野耐一《たいいち》氏の指導にふれ、「若い頃に教えてもらったことは、ずっと忘れないものです」と言っていたことがある。

それほどに、上司の指導は部下に強い影響を与えるものだ。しっかりと育てられた部下は、自分の部下をしっかりと育てる。トヨタ流の強さは、そうやって上司から部下へと、トヨタ流のものの見方や考え方、行動の仕方が受け継がれてきた点にある。それも、知恵をつけながらの受け継ぎである。

「自分を凌駕《りょうが》する部下を育てる」

「上司に育てられた恩を、部下を育てることで返す」

これらはトヨタ自動車歴代トップの言葉である。人づくりにかける並々ならぬ決意が感じられる。「恩」というやや古風な表現を、現実感を込めて使えるところにも、トヨタ流の凄さがある。

大野氏はわが師でもある。改善活動がうまくいかず、権限や権力で強引に進めたがる部下に、「モノづくりは人づくり。人の指導の仕方いかんなんだ」と、説得と理解で進めていくよう、こんこんと諭《さと》していたものだった。

権限や権力で進める改善は早く進む。だが、早いだけの改善は、もとに戻るのも実に早い。権限や権力に頼らず、社員一人ひとりの知恵とやる気をじっくりと引き出す。そういう改善を、何年もかけて根気よくやり続けたことが、今日のトヨタ流を形成している。

みずから知恵を出し、試行錯誤した改善は、自分の血となり、肉となる。それを繰り返すことで、人は知恵を出す方法に習熟する。それを成長というのだ。

トヨタ流マネジメントは、知恵を出すことで人が育ち、育った人がさらなる知恵をつけて独自のモノづくりを進化させていく点に要諦がある。つまりは、人が育つことが絶対条件であるわけだ。人づくりを抜きにして、仕事も、改善も、企業の成長もあり得ないのである。

それだけ大切な人づくりを誰がやるかといえば、上司しかいない。上司の最重要任務が人づくりなのである。

人づくりには忍耐と根気、時間が必要だ。コストもかかるし、リスクも負う。そのせいか、育てるよりも、外注や、スカウト、派遣に頼る企業が少なくない。

目先の仕事を考えれば、このほうが効率がいいかもしれない。だが、大局を見ればどうだろう。何年か先、あるいは競争が急展開した時、人づくりをしない企業が隆盛を誇っているだろうか。人づくりに関しては、時間と手間をかけることを惜しんではならない。

本書はトヨタ流の人づくりを中心に、上司のあり方、上司と部下の関係づくりをマネジメントの観点からまとめたものである。

組織がフラット化し、成果主義によって人が評価されがちな時代だ。上司と部下の関係は、どこか希薄になり、多くは、トヨタ流ほどの濃密な関係を忘れつつある。そんな今こそ、上司が部下を育てること、部下が上司を見ながら成長していくことがますます重要になっている。

強い企業には強い監督管理者が欠かせない。低迷期を脱し、新たな成長戦略を描きつつある日本企業の監督管理者にとって、トヨタ流のものの見方や考え方、行動の仕方は参考になるものがたくさんあると確信している。

大切なのは「これは理想にすぎない」と片づけるのではなく、絶えずよりよきものを求め、挑戦し続けることだ。日々改善、日々実践を続けていただきたい。やがて自分自身と、自分の部下が大きく成長したことを実感できる日が来るはずだ。

カルマン株式会社　**若松義人**《わかまつよしひと》

目次＊トヨタ流 マネジメント力

第一章 素早い上司が素晴らしい上司
――「考える力」を部下から引き出す

第二章　気持ちをまとめる「共通キー」の決定
――「心の力」を組織から引き出す

第三章

組織についたクセを変えていく
――「チームの力」を日常から引き出す

第四章　「仕事が見えている」部下づくりの方法

――「勝負強さ」を失敗から引き出す

第五章　地道な作業に大局観を与えよ

——「成長力」を実務から引き出す

第六章　プロ意識の落とし穴を埋めよう
――「稼ぐ力」を発想から引き出す

第七章　「数字にできない重要なこと」の伝承
――「未来の力」を今から引き出す

プロデュース、編集／吉田　宏
執筆協力／桑原晃弥
装幀／日下充典

第一章

素早い上司が素晴らしい上司

――「考える力」を部下から引き出す

「部下を困らせる力」がまず必要
――「困った状態が創意の土壌になる」

「知識と知恵は、はっきり分けて考えないといけない」

トヨタ生産方式の生みの親で、トヨタ自動車工業副社長だった大野耐一《たいいち》氏の言葉である。

「知識」はお金で買える。たとえば学校へ行く、月謝を払う、本を読むという形で得ることができる。それに対して「知恵」はお金では買えない。仕事などの実践を通して引っ張り出していくものとなる。

知識は、お金で買えるから、人によって差がある。知恵には、差がない。平等にある。これがトヨタ流マネジメントの前提だ。「知識のある人ほど知恵も豊かだ」とは考えない。そういうふうに考えるのは、知恵の引き出し方が足りないからだと見る。

トヨタ流は「知恵には限界がない」「人間の知恵は凄い」という言い方をする通り、知恵の素晴らしさを信じている。

ただし、知恵はあらゆる人間に平等だが、知恵を引っ張り出すテクニックがあるかないかは平等ではない。大いに違いがある。だから、「どうすれば知恵が出るか」をいつも考える必要がある。

「どうすれば知恵が出るか」に対する大野氏の答えはこうだ。

「困らなければ、知恵は出ない。ずいぶんと間違ったことをやっていても、それで困らなければ、自分のやっていること、やらせていることが間違いだとは気づかないのが人間だ。『現状はよい状態であり、変える必要はない』と思ってしまうのだ。

モノをつくる場合、たくさんの人と設備と材料があれば、誰だってできる。しかし人もいない、設備もない、材料もない状態で『さあ、つくってみなさい』と言われると、はなはだ困った状態になる。あれこれ知恵をめぐらさなければ、モノはできない。この困った状態が、とりもなおさず創意工夫の生まれる土壌になる」

人は困らなければ知恵は出ない。たとえ困っても、困り方が小さいうちは出ない。「理論的に無理だ」「前にもやったけど、うまくいかなかった」と、やらなくてすむほうに逃げてしまう。知識や経験が邪魔をして、知恵が出るまでに至らない。「これはどうしようもない。だが、逃げられない」と、とことん困り抜いて初めて、「これならできるかもしれない」と必死の知恵が出る。

本来は自分で自分を困らせることができればよいのだ。だが、それはなかなか難しい。だからトヨタ流は、社員を困った状態に置くことで、知恵を出すテクニックを身につけてもらおうと工夫してきた。

たとえばモノをつくっていて不良（不良品、不良個所）が出た場合、すぐに製造ラインを止める。ラインが止まると、みんなが困る。何とか止まらないラインにしようと、必死に知恵を出し、改善を行なう。こうした「困った状態」を意識的につくることで知恵の出し方を覚えさせてきた。

応急処置を施して仕事を止めないほうが、その時はよいのかもしれない。だがトヨタ流は、長い目で見て人やチームが育つほうを選ぶ。

言いわけをする頭で実行を考えよ

トヨタ自動車副会長の張《ちょう》富士夫氏といえば、人柄がソフトで優しく、大らかな雰囲気の人として知られている。大野耐一氏のもとでトヨタ生産方式の普及と定着に努めていた当時からそうだった。大野氏や、大野氏の右腕でトヨタ自動車生産調査室主査だった鈴村喜《き》久《お》男氏などが雷《かみなり》を落とし、みんながシュンとなる。そこを張氏が「何で怒ったのか、どこがいけないのか」をみんなにわかりやすく解説し、励ますことで改善を軌道に乗せる。そういうフォロー役をみごとにこなしていた。当時を知るトヨタマンの中には「張氏がフォローしてくれることを知っていたからこそ、大野氏も安心して雷を落とせた」と言う人がいるほど、張氏の人柄のよさは広く知られている。

だが、張氏の下で働いた経験を持つトヨタマンAさんは、「張さんはくみしやすいと思ったら大間違い。張さんほど厳しい上司はいません」と言う。

こんな経験をしている。

ある時Aさんは、張氏から非常に厳しい宿題を出された。どう考えてもムリだ。必死に知恵を絞ってやろうとしたが、できない。翌日、「どうしてもできません」と相談すると、「一日、二日やったくらいで、『できない』とよく言うな。期限はもう一日延ばしてやる。だが、明日までにできないと現場が迷惑するからな」と釘を刺された。

Aさんはいろいろな人に聞いて回った。しかし、話を聞けば聞くほど難しさがわかる。仕方なく再び張氏のところへ行き、できない理由を整理して説明をした。すると張氏は、あっさりと「わかった、ほかの人に頼むからいいわ」と言った。

これはきつかった。「何が何でもやれ。死ぬ気になってやれ」と怒られるほうがはるかにいい。「ほかの人に頼む」の一言に「ああ、自分は期待されていないんだな」と見放されたような気持ちになり、Aさんは、仕事における張氏の厳しさを知ったという。

この話には後日談がある。落ち込んでいたAさんに、タイミングを見はからって張氏がこう声をかけてきたという。「A、一緒に考えようや。一緒に考えれば、やれんことない。やっているうちに見えてくるから」（『誰も知らないトヨタ』片山修　幻冬舎）。

トヨタ流に「言いわけをする頭で実行することを考えよ」という言葉がある。

人は難題に直面すると、やる前から「ムリだ」と考えて、できない理由ばかりをあれこれ考えようとする。これでは、ものごとは決して前に進まない。大切なのは「まずやってみる」ことである。言いわけを考える頭の余裕と時間があれば、「どうすればできるか」を考えることだ。

Aさんに出された課題は確かに難しかったが、張氏は、できない言いわけをいくつもあげてくるAさんの姿勢を正したかったのだろう。立派な言いわけをしても、問題の解決にはならない。Aさんに必要なのは、どれほどの難題でも、「何とかやる」という前提で考え抜く姿勢だった。

人は誰しも恵まれた条件の中で仕事をしたい。だが実は、限られた条件下だからこそ、知恵も出るし、成長もある。上司に求められるのは、部下を困らせることだ。困った状態をつくり出して部下の知恵を引き出すことである。

相談すれば答える「便利な上司」になっていないか
――「教育ママみたいに解答を出すからいかん」

うまくいかない時、結果が出ない時などに、「上司の指導の仕方が悪い」「上司がきちんと教えてくれないからだ」と文句を言う部下がいる。確かに、部下を教え育てる力が不足している上司もいる。だが、それなら上司は一から十まで懇切丁寧《こんせつていねい》に教えればいいかといえば、もちろんそうではない。

「挑戦する機会や課題を一人ひとりの部下に与え、やり方を自分で考えさせ、そして困った時には助ける」のがトヨタ流マネジメントだ。

中でも大切なのは「やり方を自分で考えさせる」ことである。最初から答えを教える上司は「教育ママみたいだ」と叱られる。

張富士夫氏は、次のように言っている。

「鈴村（喜久男）さんは、教えている最中に『なぜこうやらないんだ』と答えめいたものを言う。『そのやり方は、俺が十年前にいやっていうほど失敗したんだ。だから、同じ落とし穴にはまらない方法を教えてやる』という調子なんだ。大変な熱血漢です。しかし、大野さんには『鈴村は教育ママみたいに早く解答を出すからいかん』と年中、叱られていました」(『人間発見　私の経営哲学』日本経済新聞社編　日経ビジネス人文庫)

部下に求められるのは、「答えは自分で見つける」姿勢だ。仕事をしていると、部下はどうしても答えが早くほしくなる。できればやる前から「こうすればいい」と教えてもらいたい。

しかし、上司がそれに応じては、部下の「考える力」は身につかない。そのため上司は、「どうすればいいと思うか」を部下に考えさせ、その答えを持ってこさせる。もちろん、中には「それはないだろう」というものも含まれる。だが、我慢して「トヨタ流の考え方からすると、それは前に進んでいるね」とか「それはあと戻りになるな」などと解説をしながら、部下の考える力を高めていく。

大変に忍耐のいる作業だ。短気な人なら「ええい、面倒だ」とばかりに「こうすればいいんだ」と答えを教えてしまいそうである。そこを我慢する。トヨタ流は、上司の指示を忠実に実行するだけの部下は必要としないのだ。

これは、部下を放置することとは、まったく違う。

「部下に指示を出す時は、自分も同じ指示を受けたものとして考える」のが上司である。部下に難題を出したなら、一緒になって考える。その上で、部下が困って相談に来た時には、答えは教えないけれども、できるだけのサゼスションはしてやる。そういう真剣なフォローが必要だ。

諦めないのが上司の仕事

堀場製作所創業者の堀場雅夫《ほりばまさお》氏が、「初めに教科書とかマニュアルありきの教育システムを何とかしてほしい」と言っていた。

同社に大学の研究室から入ってくる新入社員のほとんどは、研究開発を志望している。仕事につくと、その多くが「上司の指導がない」と文句を言い出す。何をもって「指導がない」と言っているのかといえば、「どういう文献を読め」とか、「こういう実験をしろ」とか、「〇〇先生に会って話をしてこい」とかを細かく教えてくれないからというのである。それが、「指導が十分でないから」という不満につながることに、堀場氏は呆れている（『イヤならやめろ！』（堀場雅夫　新潮ＯＨ！文庫）。

以前に比べ、仕事のインフラは格段に整っている。かつては図書館に行き、発明協会に行き、必要な資料がどこにあるかをいちいち手紙で問い合わせ、やっと見つけた資料を手書きで写していた。そんな時代に比べ、今はパソコンを使ってほとんどの資料が入手できる。にもかかわらず、どんな文献を読めばいいのかまで上司の指示を仰ごうとする社員がいるのだ。

「まずは自分で調べる」という基本さえできないのは学校教育にも問題があるのではないか、というのが堀場氏の主張である。

教える力がない、あるいは教えることを放棄した上司はむろん問題である。だが、「上司が教えてくれない」「上司の指導が足りない」と何でも上司の責任にして、自分の頭で考えることを放棄した部下にはもっと大きな問題がある。

向上心があり、自分の頭で真剣に考える。そして、「ここがわからない」という核心が見えてくる。その時が、まさに上司の出番というわけだ。

だが、現実には、自分で考えもしないで文句ばかり言う部下が少なくない。そういう部下に、向上心を持たせ、考えるようにし向けるのも、上司の役割である。

人を育てるのは大変に根気のいる仕事だ。挑戦する機会を与え、自分で考えさせ、困った時には助ける。これを諦めずに繰り返すことだ。それによって、部下は自分の頭で考えることを覚え、人としても大きく成長することができる。

どんな部下も「ひと山越えさせる」ために
──「算術でなく忍術のマネジメントをしろ」

トヨタ流の基本は、「人間の知恵」を信じることである。その知恵を引き出し、知恵を活かすのが上司の役目とされている。それに関して、張富士夫氏がこんなエピソードを披露している。

「ある課長が（ある仕事を）『できない』と言った時、大野（耐一）さんは烈火のごとく怒った。理由は、『お前には多くの部下がいる。人間（部下たち）は、真剣になれば、どれくらい知恵が出るかわからん。なのに、部下の知恵をまったく無視して、できませんとは何ごとだ』というものだった」（『人間発見　私の経営哲学』日本経済新聞社編　日経ビジネス人文庫）

大野氏は社員一人ひとりを対等に見ていた。人間の知恵は限りない。上司の役目は、社員を困らせ、いい知恵を出させることである。そうした努力もせず、やる前から「できません」と諦めてしまうのは、自分の部下の知恵を信じていないということにほかならない。上司として失格であるばかりか、トヨタ流の「人間性尊重」の思想からも許しがたいことだった。

大野氏はまた、「算術のマネジメント」ではなく、人間の知恵を活かした「忍術のマネジメントをせよ」と言っていた。

「カローラは好評で、かなりよく売れた。立ち上がり五千台ぐらいだろうと思ってスタートした。エンジン担当の課長に『百人以下で五千台をつくるよう』指示した。すると二〜三か月して、『八十人で五千台できるようになった』と報告してきた。その後もカローラは売れ続け、『一万台は何人でできるか』と聞いた。すると、たちどころに『百六十人でできる』という答えが返ってきたので、どなりつけてやった。『二×八＝十六なんて計算は、小学校で教わった。この年になってお前から教わるとは思わなかった。人をバカにするな』と。現在は百人で一万台以上の割合でつくっているが、その多くはトヨタ生産方式によって、ムダとムラとムリを徹頭徹尾、除いてきたことによるものだ」（『トヨタ生産方式』大野耐一　ダイヤモンド社）

この課長の、八十人でできる仕事を倍こなすためには百六十人が必要になるというのが、まさに「算術」だ。計算としてはもちろん合っている。だが、そこには何の知恵もなければ、何の工夫もない。

知恵を活かそうとしないから「算術」になるのである。仕事は部下の知恵を信じ、知恵を活かし、知恵による工夫をこらした「忍術」でなければならない。それが大野氏の言いたいことだった。

部下を困らせたり、小さな知恵を集めて大きな改善提案に変えたりする「知恵を引き出す工夫」が大切だ。それもしないで、いきなり「できません」と言うのは、部下の知恵を信じていないのと同じことになる。部下の人数を問題にして「人数が足りません」などとグチるのは論外だ。

こういう場合、ダメなのは部下ではなく、部下の知恵を活かせない上司なのである。

我慢は美徳とは限らない

トヨタ生産方式を実践しているA社は、社員の知恵を引き出すために多くの工夫をしている。中でも効果的なのが、「チリも積もれば山となる作戦」だ。名づけて「三人寄れば文殊《もんじゅ》の知恵作戦」だという。

大野氏はこう言っていた。

たとえば改善提案について一人で考えると、どうしても大きいことを考えてしまう。だが、大きい提案というのは、現場では案外効果を発揮しないものだ。実際に大きな効果を上げるのは、「チリも積もれば山となる」というように、小さな提案、小さな改善をまとめ上げたものが多い、と。

たとえばグループをつくり、リーダーがみんなから小さなヒント、小さな改善を出してもらう。それを大きな改善にまとめ上げていく。これが仕事に直結した改善を生み出すコツだ。このやり方をすることで、みんなが改善に積極的に参加するようになる。要は、一人で考えるのではなく、みんなで知恵を出すほうがうまくいくという発想である。

「三人寄れば文殊の知恵作戦」も似たようなものだ。少し違うのは、最初からグループがあるわけではないことである。まず、「問題点に気づいた人」がいて、その問題点解決のための「アイデアを提供する人」がいる。改善には技術的な知識も必要となるため、アイデアをもとに「改善策を形にする人」がいる。グループで取り組むというよりは、みんなの知恵や技術が集まって一つの改善を生み出すわけだ。

このやり方の利点は、たとえば技術的な知識が乏しくても、自分の気づきをもとに積極的に改善活動に参加できる点だ。

仕事をしていると、「不便だな」「しんどいな」と感じる瞬間がある。それを我慢してしまうと、気づきは単なる不満に変わってしまう。だが、改善提案へ結びつけることができれば、やりがい、働きがいへつながっていく。

格づけは仕事ではない

上司の役目は、自分の部下を「できる」「できない」で格づけすることではない。部下の知恵を信じ、部下の知恵を引き出すことだ。

部下を「使えない」と勝手に決めつけてはならない。やる前から「できない」と諦めるのではなく、「どうすればできるか」を、部下と一緒になって追求することが上司の役目である。

経営者に「あなたの会社の弱点は?」と聞くと、資金のことや技術のこと、営業の弱さなどいくつもの課題があがってくる。人財(トヨタ流ではしばしば人材を「人財」と言う)の悩みをあげる人が中でも多い。特に中小企業では、「ろくな社員がいなくて」「いい人財は大企業に行くから、うちあたりに来る人財は知れている」などと「使える社員」がいないことを口にする人が多い。

だが、大企業でも人財の悩みは同じなのだ。「優秀な人財は一握りで、使えない人間ばかりがやたら多い」というグチは、果たして本当だろうか。「使えない」のではなく、「使いきれていない」「活かしきれていない」のではないだろうか。

応急案に「合格」を出さない
――「なぜ？」を五回繰り返せ」

トヨタの始祖・豊田佐吉《とよださきち》氏が発明した自動織機《しょっき》の偉大さは、糸が切れたり、なくなったりすると、自動的に機械が止まる装置を組み込んでいた点にある。この装置が組み込まれていないと、糸が切れても織機はどんどん織り進み、多量の不良品が生まれてしまう。自動機械の便利さが裏目に出るのだ。

その点、佐吉氏の自働織機は、機械が止まるのも自動だ。そのため、不良品をつくることがない。監視のために人間が四六時中機械に縛られることもなくなった。

これを佐吉氏は「ニンベンのついた自働」と呼んだ。

今もトヨタ生産方式は、こういわれている。

「人間の知恵の上に『ニンベンのついた自働化』と『ジャスト・イン・タイム』という二つの大きな支柱が立っている」

「ニンベンのついた自働化」とは、単なる「自動化」でなく、機械に人の知恵をつける「自働化」のことだ。トヨタ流で使用される機械には、ほとんどすべてにこうした機能が組み込まれている。

「ニンベンのついた自働化」の便利さはみんなが認めるところだが、「では、止まった後にどうするか」では、二つの道が考えられる。

大野耐一氏が、次のように書いている。

「不良品をつくらんようにすることがニンベンのついた自働化だと、今われわれは解釈しておる。ところが（豊田式自働織機が登場した）当時の人は、非常に生産性が上がったということだけで、作業者の尻を叩いてたくさんつくる方向へ行っちゃった。『（糸が切れると機械が）止まるから、早く（機械のところに）行って、糸をつないで早く回さんと稼げん』というところへ目がいったんだ。

（機械のほうは）放っておけば止まってくれて、悪いものをつくらん。だから今度は『切れんような糸をどうやってつくるか』というふうに進めばよかった。それを、『切れたら止まる。止まったらものができん。だから女の子（女性従業員）が走って行って糸を早くつなぐ。早く回せばたくさんできる』という方向へ行っちゃったんだね」（『現場経営』大野耐一　日本能率協会マネジメントセンター）

機械が止まったら走って行って急いで糸をつなぐのは、ともすれば労働強化に陥りやすい。糸をつなぐ技術の早さを競う熟練度にも依存しやすくなる。これではせっかくの「ニンベンのついた自働化」も、マネジメントには結びつきにくくなる。

「なぜ糸が切れるのか。どうすれば糸が切れないようになるのか。切れにくい糸はつくれないのか」と進むことで、初めて知恵が生まれ、改善ができるようになる。

トヨタ流の基本は、「原因」の改善でなく、「真因《しんいん》」の改善にある。

それについては、

「『なぜ』を五回繰り返す」

という有名な言葉がある。

トラブルが起きた時、仕事をストップしないために、発生個所（原因）だけに応急処置を取る方法もある。だが、それではトラブルを引き起こしている真の原因（真因）を解決できない。「なぜ」を繰り返すことで真因を見つけ、改善を施すことが、本当の問題解決なのである。五回の「なぜ」で真因が見えてこなかったら、六回、七回……時には十回以上繰り返す。五回とは回数ではなく、「真因が見つかるまで」という意味だ。

真因を探っていくうちに、「切れない糸」のように、前工程というか、源流へとさかのぼっていくことも少なくない。そんな時「糸は自分たちの問題ではない」と他人のせいにしてしまう人がしばしばいる。そうではなく、「よい知恵はないものか」と自分の問題とする。これができるかどうかで仕事の進め方、問題への取り組み方は大きく違ってくる。

責任転嫁をやめると解決が始まる

大手企業の生産子会社であるA社がトヨタ生産方式の導入を考えるようになった。親会社で開かれた品質会議の席上で、A社のモノづくりが問題になったのがきっかけだ。席上、厳しい声がA社幹部に寄せられたのである。

「A社が組み立てた製品を納品し、いざ動かそうとすると、動かないことがたびたびある。本当に検査をやっているのか」というわけだ。

もちろん作業も検査もしっかりとやっている。厳重な検査に合格した製品だけを出荷している。納品先で動かなくなるというのは不思議でならない。

A社幹部が親会社の販売担当者に聞くと、ある事情が判明した。事故の多くは、ある部品が外れているためだ。その部品をセットし直すと動く。だが、納品先でそうした作業をするのは非常にみっともない。会社の信用にもかかわる。A社のほうできちんとしてほしい、というのが親会社の考えだった。

さっそくA社幹部は、品質に関する問題を洗い直した。だが、調べれば調べるほど「あれも心配、これも心配」という状況に陥り、これまでのやり方では解決は難しいことが判明した。そこで、トヨタ流を導入したのである。「『なぜ』を五回繰り返す」やり方で真因を追求した上で、二度と同じ問題が起きないように改善することを決めたのだ。

当時を振り返って、A社幹部はこう話している。

「当社は『生産子会社なのだから、親会社の設計通りにつくればいい』と考えていました。品質トラブルが起きても、『これは親会社の設計の問題』『これは部品会社の問題』と、他人のせいにしていました。決して自分たちで解決しようとはしなかったのです。自分たちにできるのは、作業を厳しく管理することと、検査をより厳格にすることぐらいだと思っていました。

しかし、それでは決して問題は解決しないとわかりました。品質トラブルの真因をしっかり究明することが必要だと気づいたのです。たとえば親会社の設計や製造の過程にも入っていく。仕入先にも積極的に入っていく。そうやって問題を解決しようと考えて、品質向上委員会の活動をスタートしました」

修繕でなく修理しよう

切れた糸を手早くつなぐだけでは、問題は解決しない。糸が切れることでできてしまった不良品を検査でハネても、品質そのものが向上するわけではない。「なぜ糸が切れたのか」「切れないためにはどうすればいいか」「切れない糸はできないものか」を追求して初めて、本当にいいモノができる。

それと同じように、A社も、親会社や部品会社などに積極的にかかわっていくことにしたのだ。その結果、問題解決の糸口を見つけることに成功した。不良の原因は設計上の問題だった。部品会社や親会社の設計部門と知恵を出し合った結果、納品時のトラブルは二度と起こらなくなった。

さらに、この過程を通じて、これまで慢性不良として「やってもムダ」と思われていた不良をいくつも解決することができた。お陰でA社は、不良の発生を大幅に低減できた。

不良件数の低減は大きな成果である。しかし、それ以上に大きかったことがある。活動を通して社員一人ひとりの問題解決力や分析力、意欲などが格段にアップしたことだ。

問題は、一つの部署だけで解決しようと思ってもうまくいかないことが多い。問題の真因を探って前工程にさかのぼり、時には横へも追求を広げる。上司は部下に、原因を応急処置する「修繕」を求めるのではなく、多少の時間がかかっても真因を潰す「修理」を要求することが大切である。

「頭を刺激する助言」の技術
――「具体的な対策なしに相手は信用してくれない」

「仕事は部下との知恵比べである」

これは、大野耐一氏の言葉だ。

部下に命令や指示を出す時には、同時に自分もその命令や指示を受けたものと考える。その知恵比べに負けた時には、「負けた」とあっさり兜《かぶと》を脱ぐことが大切だ。ところが、上司の中には自分で考えることもせず、兜を脱ぐこともしない人がたくさんいる。

大野氏は、このように言っている。

「上司となると、（つい）自分は何も考えずに、『お前は専門だからこれぐらいのこと考えろ』とか、指示したり命令しちゃうんだね。（しかし）その部下が、『だけどもどうしてもできません』と言ってきた時に、『ああそうか』という（打つ手を示せない）ことになるんなら、そんな命令出すなと言いたい。（上司が）『俺は（仕事の）範囲が広い、忙しいからそれにかかっちゃおれん、お前はこれ専門じゃないか、だから考えろ』と（部下に）言ったって、これはダメなんでね。で、やっぱり（知恵比べに）負けたら、あっさり負けてやらんと、部下もついて来んようになるんじゃないかな。『あの人はいろんなことを言うけれども、文句ばっかり言っておって、ダメだ』ということになると、やっぱりついて来んようになる」（『現場経営』大野耐一　日本能率協会マネジメントセンター）

上司の役目は部下が困った時には、きちんとアドバイスをすることである。そのためには、部下に考えることを丸投げするのではなく、同じ指示や命令を受けたものとして悩み、考えることが必要になる。

考えることもせず、答えも持たずに、「さあ、考えろ」と放り投げる。部下が「できません」と言ってきた時には、「じゃあ、仕方がない」と問題を放置する。これでは上司としての資質が疑われても仕方のないところだ。

トヨタ流に求められるのは、「上役率先行動」であり、「自分の頭で考える」ことだ。

トヨタ自動車工業（当時）の創業者・豊田喜一郎氏は、創業時に作成した「職務権限」に、こう書いて、上役率先行動の必要性を説いている。

「部長直接これをなし」

「係主任はみずからこれを取り扱う。みずからその任務に当たる」

また、トヨタ自動車最高顧問・豊田英二氏は、社長時代、部課長に対して、このような講演を行なっている。

「皆さん自身の頭を働かせていただきたい。自分で考える訓練を、部下にも積極的に指導していただきたい。皆さんは部あるいは課の責任者であるが、考えることは全部、部下に言いつけるというようなことでは困る。どの問題についても全部自分で考えろというわけではないが、少なくとも、重大なる問題については、皆さん自身が考え、解決する訓練をしていただきたい」(『トヨタ経営システムの研究』日野三十四　ダイヤモンド社)

改善は知恵の結晶

あるトヨタマンAさんは、若い頃、上司から難しい改善を命じられるたびに、上司のもとにアドバイスを求めに行っていた。そんなある日、いつものように相談に行こうと歩いている途中で、ふと「思い切って自分の考えでやってみよう」と考えた。来た道を引き返して改善をしてみると、うまくいった。「以後は、上司に相談することが少なくなった」と言っていた。

「自分が独り立ちできたのは、自分の力で考えることを始めたからだけれど、そうなるまでには、相談のたびに親身になってアドバイスしてくれた上司がいたからだ」が、当時の上司に今でも感謝しているというAさんの感想だ。

トヨタ流マネジメントでは、答えは教えない。だが、アドバイスはいくらでもする。それができるのは上司自身がしっかりとした答えを持っていてこそだ。同時に、部下の案が自分の答えを上回っていれば、「凄いね」と素直に認める度量もあわせ持っていることが求められる。

部下は上司を見て育つ。自分の頭で考える上司のもとには、自分で考え、自分の責任で行動する部下が育つ。反対に、すべてを部下に丸投げする上司のもとには、他人の答えに乗っかる依存的な部下しか育たない。部下から出てきた答えに「それでいこう」と乗っかっていくようでは、一つの部、一つの課の舵《かじ》取りは難しい。

「具体的な対策なしに『ああしろ』『こうしろ』と言っても、相手は信用してくれない」

と大野氏はよく言っていた。

「改善というのは、知恵の結晶である」

これも大野氏の口癖だ。本当に困った時、「もうムリだ」という時に、適切なアドバイスや答えを示せない上司では、部下は「この人についていこう」という気持ちになれない。困った状態、限られた条件の中で必死になって知恵を出す。それが「仕事をする」ということだ。

「そのまま」を許すな

――「カタログ通りでなく知恵をつけて使う」

旧知のAさんから、「新しくグループに加わるB社の生産改革の手伝いをしてくれないか」と頼まれた。B社はシステムキッチンや浴槽などで高い技術力を持つ。高額商品が売れたバブル期には、かなりの売上を誇っていた。だが、その後は経営的に厳しくなっている。B社の技術力を惜しんだAさんが援助の手を差し伸べたのだ。

ただ、モノのつくり方がバブル期そのままで、よほどの改革をしない限り再建は厳しいというのがAさんの見方だった。

確かに、B社の工場に足を踏み入れて驚いた。「ぜひ使いたい」というお客さまがたくさんいる高級品をつくっている工場にはとても見えない。整理整頓（整理は不要なモノを処分すること、整頓はほしいモノがいつでも取り出せるようにすること）が行き届かず、「どうしてここでモノがつくれるのだろう」というありさまだった。つくり方もムダだらけだ。

いくら値段を高くしても利益はあまり出ないことが見て取れた。

中でも一番の問題は、工場のあちこちに置かれた巨大な機械だった。聞くと、多くは高級家具の本場ヨーロッパ製で、買ってきたままカタログ通りの使い方をしている。使い勝手が悪く、ちょっとした修理もヨーロッパから来てもらっているという。外国から買ってきた機械を並べ、カタログ通りに使うだけでは、競争に勝てるはずもない。

大野耐一氏が、こんな話をしていたことがある。

一九五〇年代半ば、トヨタ自動車がアメリカで開発された高性能な機械を購入した際、大野氏は担当技術者とこんな会話を交わしたという。

「これは君が開発した機械ですか」

「いや、アメリカで開発されたんです」

「アメリカから船賃をかけてこの機械を買った。それで部品をつくって日本から船に乗せてアメリカへ輸出する。となると、アメリカのほうが安くできることになる。利潤を上げようとするなら、アメリカと同じやり方をしていてはダメだね」

「……」

「なぜ、この機械に三人ついているのですか」

「アメリカでも三人でやっているからです」

その答えを聞いて、大野氏はこう言った。

「アメリカで三人でやっているのなら、一人でやるように考えなさい」

これは無理難題をふっかけているわけではない。労働強化を強いているわけでもない。アメリカの機械を買って、アメリカと同じ使い方をしていては、アメリカに勝てない。同じ人数で勝とうとすると、日本は低賃金に甘んじるしかない。知恵を絞り、改善を加え、三人のところを一人でやる。それが「機械に知恵をつける」ということだ。同時にアメリカや同業他社に勝つ一番のやり方だ、という意味だ。

二、三か月後、担当者は「改善の結果、一人でできるようになりました」と大野氏に報告にきた。こうした「機械はカタログ通りではなく、知恵をつけて使う」ことが、トヨタ流の競争力を支えてきたといえる。

B社のモノづくりは、まさに一九五〇年代のトヨタの担当技術者と同じだった。買ってきた機械をカタログ通りに使い、カタログ通りにモノをつくる「カタログエンジニア」だ。これでは競争に勝てるはずもなかった。

違った知恵が大切

トヨタ生産方式を実践している企業は、規模の大小を問わず、機械には必ずといっていいほど改善を施している。生産設備やラインの多くも自分たちでつくっている。「専門知識がないと、そこまでするのは難しいのでは」という質問をよく受ける。

たとえば、社員数百人のC社の場合、文系出身の社長みずからが改善に取り組んでいるが、こう話している。

「鉄を切って溶接ができれば、たいていの改善はできます。私も社員も専門知識などなく、二、三か月技術研修を受けただけですが、ほとんど大丈夫です。メーカーに頼むと時間もかかるし、お金もかかります。自分たちの設備は自分たちでつくる。これが私たちの基本です」

C社は、コンピューターシステムさえ自分たちで組んでいる。最初は専門知識などなかった。だが、ではコンピューターの専門家にモノづくりの専門知識があるかというと、それはない。互いに専門知識がないのなら、自分たちが中心になってつくればいいということになった。そして、知り合いのプログラマーと一緒に知恵を絞った結果できたのが現在のシステムである。トヨタ生産方式の導入を考える企業から「参考にさせてほしい」と相談があるほど高い完成度を誇るまでになっている。

与えられた設備、与えられたラインでモノをつくっているうちは競争に勝つのは難しい。何か違った知恵をつけることが大切だ。

B社の生産改革も、整理整頓と並行して、既存の設備や機械を改善し、徐々に自分たちの設備、自分たちのラインをつくり上げていくこととなった。

ある大事故を起こした企業は、技術的なことは外部に任せ、社内の技術者には「よけいなことをせずカタログエンジニアになれ」と言っていた。そんな話を聞いたことがあるが、それでいいのだろうか。

上司は、カタログエンジニアに甘んじている部下に知恵をつけることを教えなければならない。機械設備はもちろん、パソコンから携帯電話、名刺一枚に至るまで、与えられたまま使うのではなく、自分なりの知恵をつける。それが「仕事をする」ということであり、成長するということだ。

そのためには、「できない」と言う前にまずやってみる。上司は部下に「何とかする」知恵の出し方を教えることが大切だ。

「お客さまは来ていただけないもの」「銀行はお金を貸していただけないもの」「問屋さんは簡単には品物を卸してくれないもの」。こうした「ないないづくし」の中で知恵を絞り、商売を発展させることの大切さを説いたのは、イトーヨーカドー創業者の伊藤雅俊《まさとし》氏だ。確かに、すべてに恵まれた状況でやる商売など、そうそうあるものではない。工夫をこらす商売をする。そこに利潤も出るし、何より知恵の出方が大きく違ってくる。

この道はトヨタ流に通じる！　1

部下指導の点で、将棋の世界は凄いと思ったことがある。棋界には「指導がない」というのだ。

羽生善治《はぶよしはる》四冠の『決断力』（羽生善治　角川oneテーマ21）によると、将棋の世界には、師匠と弟子が将棋を指すのは、入門の時とやめる時の二回という慣習があるそうだ。羽生氏も、師匠である二上達也《ふたかみたつや》氏と指したのは三回だけだという。弟子を見ていて気づくことはたくさんあるのだろう。だが、手とり足とり教えるのではなく「自分で苦労して自分なりの方法を見つけろ」というのが棋界の、また二上氏の考え方のようだ。

羽生氏自身も「将棋は、自分で考え、自分で指し手を決めていくものである以上、教えられる側の依存度が高くなってしまうと問題である」と考えている。こう書いている。

「どうしても強くなりたい、前進したい、そういう向上心が大本《おおもと》にあり、自分の頭で真剣に考え、ここだけはどうしてもわからない、解決の道が見いだせないというのであれば、師匠や先輩に相談することは決して悪くはないと思っている。だが、受け身の姿勢でただ教わるというのでは、集中力や思考力、気力といった勝負に必要な総合的な力を身につけることはできないだろう。要は、本人がどういう姿勢で教わるかが大事だと思っている」

＊

「リーダーは答えを持っていなければならない」とは、セブン&アイ・ホールディングス会長・鈴木敏文《としふみ》氏の言葉だ。こう話している。

「リーダーが、自分は答えも解決策も持たないで、ただ号令だけかけても、それはむなしいばかりで、部下は動きません。

『仕事』と『作業』は違います。作業はあらかじめ正しい答えがわかっているのに対し、仕事は自分で問題解決をしなければなりません。その際、大なり小なり壁にぶち当たるはずです。それをどう打ち破るか。部下は『上司は答えを持っている』と思うから、自分でも何とか工夫して解決してみようと考えるのです。私が今の職に就いていられるのは、社員に対し『もしできないんだったら自分で解決するよ』と出ていく用意を常に持っているからです」（『鈴木敏文の「本当のようなウソを見抜く」』勝見明　プレジデント社）

＊

リコー社長の桜井正光氏は、新入社員として最初に配属された原価管理課の課長に、いきなり「君がする仕事はないよ」と言われた。驚くべき言葉だ。桜井氏は戸惑い、三か月は仕事をせずに遊んでいたという。

だが、桜井氏は、次の三か月は、自分で仕事を探すのに費やした。ある類似品リストの作成を始め、部品の標準化を行なった。これを設計部が大変に喜んでくれた。以降、五年間にわたってそのリストが活用されることになったという。（『リコー流「売れる社員」の現場力』神戸《ごうど》健二　PHP文庫）

当時を桜井氏は、こう振り返っている。「非常に貴重な一年でした。最初は『とんでもない課長だ』と思ったけど、今は感謝しています」と。

仕事を与えなかった課長になぜ感謝するのか。課長は「仕事は自分で探し、壁にぶつかりながらやっていくものだ」と教えたかったのだろう。お陰で桜井氏は、「自分の部門のお客さまはどこで、相手は何を必要としているか」が自分で理解できた。それがビジネスマン人生に大いに役に立っているという。

第二章

気持ちをまとめる「共通キー」の決定

――「心の力」を組織から引き出す

「でかいけどできそう」な目標の設定

――「兎より亀のほうがムダが少ない」

二〇〇五年末に発表されたトヨタグループの〇六年世界生産計画が話題を呼んだ。前年比一〇パーセント増の九百六万台で、これはGM（ゼネラルモーターズ）グループの〇五年生産見込み九百八万台に匹敵する。しかもGMは〇六年以降、工場の閉鎖を予定しており、生産台数減少の可能性がある。トヨタの「世界一」が、いよいよ現実味を帯びてきたことになる。

自動車産業において、GMの首位転落は歴史的な意味を持っている。首位が頻繁《ひんぱん》に入れ替わる業界と違い、GMは実に七十年以上にわたって王座を守ってきた。自動車業界の巨人と呼ばれるにふさわしい存在だったのだ。それだけに、かつての自動車後進国日本のメーカーがGMを抜いて世界一の座につくのは、歴史的な逆転劇と呼ぶにふさわしいできごとといえる。

トヨタにとってGMは、創業以来、特別な会社であった。

創業者・豊田喜一郎氏は、一九三三年、国産大衆自動車開発の方針を打ち出した。「研究と創造の精神を生かし、国情に合った生産方式を考案する」と、あくまでも日本人の頭と手による大衆自動車の開発を目標に掲げる一方で、自動車先進国アメリカの自動車産業を強く意識している。第二次大戦に敗れた戦後すぐの焼け野原に立ちながら、「三年でアメリカに追いつけ」と社員を叱咤《しった》激励したという話が伝わっているほど、常にベンチマーキング（目標となる企業を決め、自社との差を埋めていくことで仕事を改善する方法）をし続けていたのである。

その一例が、一九六三年に筆者が手がけた「GMとトヨタの原価比較」だ。

今でこそトヨタはGMと世界一を争うまでになったが、当時は比較にもならなかった。売上規模でトヨタを一とすればGMは六十、生産台数もトヨタ四十七万台にGM五百七十万台（六五年時点）と、雲泥の差がある。筆者の役目は、両社の原価の差額をバランスシートにあらわすものだったが、「これだけ規模が違う会社の差額を知って何になるのだろうか」と感じたほどだった。

「戸惑いながらも「基準原価」を設けることとした。ある部品をつくるのにかかる費用が、トヨタ一万円、GM六千円とすれば、六千円を「基準原価」とし、原材料勘定には六千円を乗せ、差額の四千円はある種の「ムダ遣い」としてバランスシートに乗せることとしたのである。

これは、通常の会計処理とは違う。本来の処理ももちろんやっていたのだが、トヨタの経営陣にとって、こうして「四千円の差額」を知ることは非常に重要なことだった。「問題の見える化」である。経営陣は、こうした差を毎月の比較検討の材料にするのを常としていた。

もちろん、差を知って、部品メーカーに「四千円下げろ」と命じたわけではない。ちょうどその頃、大野耐一氏がトヨタ生産方式の全社的展開を始めており、トヨタの生産工程には急ピッチで日々改善が加えられていた。改善が進めば、トヨタの原価はGMに近づいていく。改善により、一円、二円と確実に「ムダ遣い」が減少していったのが当時のトヨタだった。

「アメリカ（つまりGM）に追いつけ」という高い目標を掲げる。目標を掲げるだけで終わる企業も多い。だが、トヨタ流は「なぜGMに負けているのか」を部品一点一点に至るまで明確にする。その上で、一歩一歩、差を詰めていった。

高い目標を精神論にするのではなく、目に見える形にした上で、着実に一歩一歩進む。これがトヨタ流だ。一つの目標を達成すれば、さらなる高い目標を掲げる。そして同様に着実に進む。この繰り返しがトヨタ流である。

日々改善、日々実践

トヨタ流マネジメントも、まったく同じだ。

目ざす頂《いただき》（人づくり目標）は高い。だが、いきなり高い目標では難しい。そのため、ハードルを少しずつ高くしていく。一つハードルを越えれば、もう一段ハードルを高くする。そして挑戦させる。これを繰り返すことによって、人が育っていく。育った人が、新たな人財を育て、凄い仕事をやり遂げる。

張富士夫氏が、大野耐一氏や鈴村喜久男氏のもとで鍛えられた当時を振り返って、こんなふうに話していた。

「まず『悪い点を確認しろ』。次に『なぜ、そうなっているか考えろ』。さらに『原因がわかったらすぐに直せ』。最後に『直したら本当に直っているか、もう一度自分の眼で確認しろ』ときます。

それで確認できたら、次には、そのやり方を横に広げる（横展《よこてん》＝一部署での改善を他部署でも応用し、成果を共有すること。横展開）わけです。

それができたら、次は目標を高くする。最初は『この工程を直せ』。そのうち『この生産ラインを直せ』。さらに『この工場を直せ』。最後は『あの会社を黒字にしてこい』というようにです。一つひとつの問題点を解決させながら、ハードルを一つひとつ高くしていくのです。大野さんたちに鍛えられたので、今あらためて『あの赤字の会社を立て直してこい』と言われても、私は少しもあわてませんよ」

トヨタ流は、イソップ童話の「兎《うさぎ》と亀」でいえば、亀に似ている。大野氏も「昼寝をしてしまう俊敏《しゅんびん》な兎よりも、休まずたゆまず前進する亀のほうがムダが少なく、はるかに望ましい」と言っている。それほど、持続性を持たない兎のスピードより、持続する亀の歩みを好む。

目標の掲げ方は、人さまざまだ。到達困難とも思える高い目標を掲げる人もいれば、簡単に到達できる目標ばかりを好んで掲げる人もいる。

目標への歩みも、また人さまざまだ。一気に到達しようとスピードを上げる人もいれば、トヨタ流のように一歩ずつ着実に、しかし決して休むことなく歩む人もいる。

トヨタ流は「日々改善、日々実践」を重んじる。日々の小さな改善の積み重ねは、一見地味に見える。だが、その積み重ねこそが「心」を育てると言っても過言ではない。

上司は部下のハードルを一段ずつ上げていく役目を負う。それが「心を強くする」という目標を達成する一番いい方法といえる。

「先手フォロー」のクセをつけよう
――「小言を言う人がやらんと」

上司は、仕事の「結果を見届ける」ことが大切だ。

たとえば「ここを直しておけ」と言う。部下が自分なりに知恵を絞って改善する。「終わりました」と報告されても、それでオーケーとはしない。「結果は見たのか」と聞く。もし見ていなければ、「バカモノ」と一喝するくらい厳しく指導する。

仕事は、前項で述べたように、
①自分の行なった改善の結果をしっかりと見届ける
②新たに見つかった問題点を修復する
③実際に作業をしている人の意見を聞いて、さらに修復する
④「これで大丈夫」となったら標準を改訂して、ほかのラインに「横展」する
というところまでやって初めて「結果を見届けた」ことになる。ここに至って、部下は、

上司に報告し、ようやく「仕事をした」ことになる。仕事はどんな時でも「やった」だけではダメで、結果を見届けて改善することが重要だ。

こうしたフォローアップの習慣は、トヨタ流の随所に発揮されることになる。「トヨタの人とつき合うと、彼らのフォローアップの習慣に参ってしまうことがある」とは、日野三十四氏の言葉だ。このように書いている。

「トヨタには、『フォローアップ』という組織風土上の特徴がある。面倒な案件について（こちらが）『そろそろ忘れてくれる頃だろう』と期待していても（必ず）、『あれはどうなったか』とフォローしてくる。（ただし）『その件はかくかくしかじかなので、なかったことにしたい』と言えば、あっさりと了解する。杓子定規《しゃくしじょうぎ》の行動ではなく、理由がはっきりするならば途中で中止にすることも問題にしないという柔軟性を持っている。ものごとをあいまいにせずに、『見届ける』ことが目的なのである」（『トヨタ経営システムの研究』日野三十四　ダイヤモンド社）

言いっ放しをするな

たとえば、仕事の現場にも、経営やマネジメントにも共通する基本とされる5S（整理、整頓、清掃、清潔、しつけ）の一つである「しつけ」について、大野耐一氏がこのように言っている。

「修身（道徳）というほど堅くなくても、日常生活で、いろんな人たちが、いろんな形で、本当の修身をやるべきで（ある。単に人を）集めて一時間（しつけについての）本を読んだというやつは、フォローがない。本当のしつけにはならないわけだね。小言を言う人がおらんと（フォローはできない）ね。また、言う人（リーダー、上司）がやらんと。言うだけじゃ『てめえは何をやっておるんだ』ということになっちゃう」

大野氏は、しつけには特に厳しい人だった。

ある日、大野氏とメーカーの指導に同行したAさんは、その日、大野氏が名古屋に帰ったあとの指導を任された。ところが、翌朝、急遽《きゅうきょ》本社に呼び戻された。何ごとかと帰ってみると、大野氏から「昨晩はホテルに帰って来なかっただろう。俺は朝までまんじりともせず、電話を待っていた」と一喝された。調べると、大野氏の伝言をホテルがAさんに伝えるのを忘れていた。しかし、そんな言いわけは通用しない。「ホテルに戻ったら、電話や伝言がなかったか確かめるくらいのしつけはしてある」が大野氏の考えである。確認もせず、電話連絡もしなかったAさんには、メーカーを指導する資格などない。

大野氏は、そう教えて、Aさんにしつけを徹底したかったのだろう。これが、当時を振り返ってのAさんの感想だ。

仕事は、どんな小さなことでも自分の目で確認し、決して他人任せにしない。「言いっ放し」「やりっ放し」はしないことだ。

上司は、部下に結果を見届けさせる。また、指示の「言いっ放し」をしない。指示の結果を見届け、本当に相手に伝わっているのか、指示は正しく実行されたのかを確認する。

Aさんが経験したホテルの伝言のように、「報告しない相手が悪い」のではなく、「フォローをしない側に問題がある」と考えることだ。

トヨタ流のフォローアップは、人の心を動かす上で重要な役目を持っている。

日々の仕事は簡単ではない。そうそう簡単に知恵は出ないし、うまくいかないこともある。上司は、進み具合をフォローすることが大切だ。

たとえば改善なら、定期的に開催される改善発表会に参加するのはもちろん、現場に足を運んで進み具合を見て話を聞く。困った時には一緒になって知恵を出す。作業をしている人に負担がかかっていれば、その日のうちに再度改善を行なう。こうしたきめ細かいフォローアップがあって初めて上司は信頼されるのだ。

上司は部下にフォローアップの習慣を身につけさせるとともに、みずからもしっかりとフォローアップを行なう。自分の指示、部下の仕事の進捗《しんちょく》状況、部下の気持ち、この三点のフォローがあってこそ、上司は厳しい指導をすることができる。

部下を「格下」扱いしない
――「素直さが説得力に影響する」

カリスマ経営者と呼ばれ、一時代を築いた人たちが、経営不振やスキャンダルによって退任に追い込まれるケースがある。いずれも、強すぎるリーダーシップが災いしたのか、晩年はワンマン経営の弊害を露呈した感がある。強いリーダーシップは決して悪いことではない。ただ、現場の声や反対意見が届かなくなったり、周囲にイエスマンばかりが集まったりするようになると、問題が起きてくる。

自分にとって耳の痛い意見が届くかどうか、そうした意見を素直に聞くことができるかどうかは、上司の健全性を測るバロメーターといえる。

「『なるほど、君の言う通りだ』が言えないようでは、管理職として問題がある」

これは、リコー最高顧問・浜田広氏の言葉だ。このように書いている。

「『なるほど、君の言う通りだ』。自分よりはるかに年齢の低い若者に、この言葉を素直に言えるかどうか。言えないようでは、管理職として問題である。相手の言っていることを心底正しいと思ったり、相手の意見に感心させられた時には、たとえ相手が新人であろうと、『なるほどね』と素直に感心できるだけの度量がなくてはならない。

若造のくせに生意気なことを言う奴だ、という気持ちはわからないでもない。年上面《づら》したくなるだろうし、管理職としての威厳や権威を誇示したくもなるだろう。しかし、世の中は急激に変化している。昔は知識は経験に比例し、経験の長い人ほど知識が豊富にあるといわれた。だが、その理屈が今では通用しなくなった。

だから、管理職は感心する時は素直に感心すればいいし、知らないことは知らない、できないことはできないと素直に言えばいい。若い人に知らない、できないと言えば、自分の権威が損なわれると思ったら大間違いだ。権威とは、そんなところに存在しない」（『浜田広が語る「随所に主となる」人間経営学』浜田広　講談社）

確かに、部下は上司にはない異文化を持っている。現場の情報に精通しているのも部下である。だから、まず部下からよく話を聞くことだ。その上で、部署のテーマを探すのが上司の役割である。

そして、課題を探し目標を設定し、全員一丸となって目標達成に突き進むプロセスを構築する。これが上司の権威である。

何が組織を一丸とするか

大野耐一氏は、強い説得力を持つためには、間違ったら素直に認める謙虚さが必要だ、と言っていた。

たとえば生産改革を進めるに当たり、現場の人間がみんな言うことを聞いてすぐに動いてくれるなら、これほどありがたいことはないが、現実には難しい。説得して納得させるためには何らかの裏づけが必要である。自信を持って指示することも大切だ。それでも時には思い通りの結果が出なかったり、間違えることもある。

大野氏はその際の処し方が大切だと考えていた。

「技術屋は、自分の言ったこと、あるいは考えにこだわりやすい。だが、君子になったつもりで豹変《ひょうへん》したり、あっさり改めることが大切だと思う。『どうも自分が言ったのは間違っておるな』と思ったら、『間違った』とはっきり言う。そういう気持ちにならんと、現場あるいは部下も動いてくれんようになるんじゃないか。

『人間というものは、どうせ間違いがあるんだ。だから、間違っておったら自分の部下にでも謝るのが当たり前である』というぐらいフランク（素直）な気持ちでいることが、説得力に影響してくるんじゃないだろうか」（『現場経営』大野耐一　日本能率協会マネジメン

トセンター)

最もダメなのは、悪いとわかっていても、「やっていればいい」と続けることだ。時間がたつにつれ影響が出る。それなのに「今さら変えるわけにもいかない」などと指示を変えない。上司の沽券《こけん》なのか、無気力なのか、無能なのか。いずれにしても上司としては最悪の態度だと言わざるを得ない。

こうなると、部下どころか、現場も言うことを聞かなくなってくる。

強い説得力をつくるためには、上司が「自分も間違ったことを言うかもしれないし、部下の言うことにもいいことがある」という気持ちになることだ。部下の言うことも聞かず、間違っても決して認めようとはしない上司では、現場も部下もそっぽを向くだけになってしまう。

仕事では、役職という立場の違いはあっても、人間としては平等だ。互いに信頼し合い、仕事を任せ、力を引き出し合いながら努力をする。そんな信頼と納得があって初めて人は動くし、目標に向かって組織は一丸となって進むことができる。

体験の「プラス」を引き出せ
――「経験が知恵の出る隙間を狭くする」

経験はとても貴重なものだが、貴重な経験が、新しい挑戦を拒んだり、新しい知恵が出るのを妨げたりする場合もある。豊かな経験ほど大きな障害になることに、上司は注意したほうがいい。

トヨタ生産方式の導入を考えるA社に、生産管理で豊富な経験を持つBさんがいた。ある企業で生産管理の仕事に携わり、長年の経験を買われてA社へと移ってきたのである。Bさんは、A社でも熱心に生産改革に励んだ。だが、海外の低価格品に押され、このままでは国内での生産が難しい、という状況に追い込まれた。そこで、A社トップは国内でのモノづくりを守りたいと考え、トヨタ生産方式に活路を求めたのだ。

ところが、若手中心のプロジェクトメンバーが改革を行なおうとすると、しばしば上司であるBさんがストップをかけるようになった。「以前にやったことがあるが、うまくいかなかった」「それはあのラインでやっているけれども、効果は期待できない」「そのやり方は、この業界にはなじまない」などと、ことごとく反対するのである。

確かにBさんは豊富な経験を持ち、生産管理の知識も十分だ。だが、それだけに、ついつい経験に縛られる。そして、挑戦する前から「ダメだ」と決めつけるようになっていた。若手のメンバーは、経験豊かなBさんになかなか反論できない。相談された筆者は、Bさんにこう問いかけてみた。

「Bさんの気持ちはわからないでもない。でも、今のままだと人間の数を半分にするか、原価を半分にしない限りは、この工場が生き残るのは難しい。初めから『できない』と決めつけるのではなく、『できないなら会社として存在する価値はない』というぐらいの気持ちで挑戦的に取り組んだらどうだろう」

Bさん自身も、今のままではダメだということは十分にわかっている。だが、新しいことをしようとすると、過去の悪い結果ばかりが頭をよぎってしまうのだ。

固定観念を振り払え

「経験が知恵の出る隙間《すきま》を狭くする」

これは、大野耐一氏の言葉だ。

「こうやってみたらどうだろう」と誰かが提案しても、「できっこない」「やったけどダメだった」などと知識や経験で「できるはずがない」と決めつけるのは、部下の意欲をはなはだしく阻害する。上司には、経験や固定観念を振り払い、新しいものを生み出す闘いが常につきまとうのだ。

「踏み出す足が一八〇度間違っていなければ、改善によって修正していけばいい」

これがトヨタ流だ。すなわち、「まずやってみる」ことを重んじる。「改善したつもりが改悪になれば、もう一度改善すればいい」と考えるのである。

やがてA社も、このトヨタ流マネジメント精神で生産改革に乗り出すことに成功した。Bさんも改革メンバーの一人として取り組むようになった。

経験があるゆえに臆病になりすぎたり、部下の提案や改善の芽を潰すようでは問題がある。経験が持つマイナス面を十分に自覚した上で、プラス面を積極的に活かす。経験豊かな上司は、経験をうまくコントロールしていく力が欠かせない。

既成概念や固定観念は心を曇らせることがある。新しくてよいやり方があって、別の角度から見ると違ったものの見方ができるにもかかわらず、固定したものの見方しかできず、せっかくの機会を逃すのだ。「凄い経験がある」を「なまじ経験があるばかりに」に変えてしまってはつまらない。

「静観する多数」の動かし方
――「取り組む姿勢が結果として出てくるね」

あらゆるマネジメントに共通する話だが、トヨタ生産方式の導入を目ざす時も、組織内には、「推進する人」「静観する人」「反対する人」があらわれる。その比率は組織や企業によって違うが、成否の鍵を握るのが、多数を占める「静観する人」であるのはどこも共通である。改革の進み具合を見ている彼らが「これはいい。やれる」となれば、改革は一気に進む。だが、「いやだなあ。やっても意味がない」となると、あっという間に改革は頓挫《とんざ》してしまう。

そうならないためには、いったい何が必要なのだろうか。

ある人がトヨタ生産方式を導入することの難しさを嘆いた。すると、大野耐一氏がこんな話をした。

「どうしても従来の延長線上で考えるからね。今までの計画的量産体制はそのままにしてトヨタ生産方式に切り替えようとすると難しい。考え方を根本から変えて取り組まないとダメだ。特に経営者に取り組む姿勢があるかないかが結果として出てくるね」

意識を変えるのは、社員自身や上司の問題でもあるけれど、トップの姿勢が特に大きいというのである。

たとえばキヤノンは、大量生産のベルトコンベヤ方式から、多品種少量生産のセル（自己完結型の生産エリア）方式への転換は遅かった。だが、その後の展開スピードの速さと徹底ぶりでは他社を圧倒しているといわれる。

なぜそれができたのか。改革を決断した社長の御手洗《みたらい》冨士夫氏が、積極的に旗を振って、「責任は俺が取る」という姿勢を示したからである。新しい生産方式の導入に失敗すれば、責任問題になる。そういう現場の不安を取り除くためにはトップみずからが現場に足を運び、改革の意味を説明しなければならない。

御手洗氏は「コミュニケーションをよくする上で大切なのは回数だ」と言うほど、頻繁に工場や事業所に足を運ぶ人だ。トップの熱意がセル方式への改革スピードを速めたのである。大野氏が言うように「経営者に取り組む姿勢があるかないか」が改革の行方を大きく左右する。

リコー二代目社長・館林《たてばやし》三喜男氏は、「部下は上司を三日で見抜く」という名言を残している。

確かに、上の人間が何かの声をあげる時、下の人間は「本気か?」をじっと見ているものだ。かけ声だけで本気ではないとなれば、下はやるふりだけをして、「いずれもとに戻る」時を待つだけだ。トップの本気が伝われば、下もやらざるを得ず、最初はいやいやであっても、いつの間にか下も本気で取り組むようになる。

トップや上司の本気は周囲をも本気にさせるが、口先だけの本気はすぐに見透《す》かされてしまうということだ。

部下を四面楚歌に置くな

ある過疎の町で行財政改革に取り組むAさんの話だ。

「平成の大合併」を目ざして近隣市町村と合併協議を進めてきたが、最後になって利害が対立し、白紙に戻ってしまった。いずれは合併せざるを得ないのだが、当面は単独でやっていく。しかし単独でやるには、現状のままではどうにもならない。行財政改革を進め、何年かは合併しないでやっていける体力をつけることが急務となった。

そこで選ばれたのがAさんだった。Aさんは合併協議にも早くからかかわり、全国市町村の視察にも何回も出かけた経験を持つ。町長直属のスタッフとして、若くして抜擢《ばってき》された。改革のリーダーには助役がつき、体制としては万全と思われた。

ところが、活動を続けるうちに、Aさんは周囲の目がどんどん厳しくなるのに気づかされた。

各部署から資料の提出を求め、それをもとに部署の統廃合を考える必要がある。だが、各部署の責任者は「どうしてお前が人事にまで首を突っ込むんだ」と反発する。改革案をつくって意見を求めると、「こんなんじゃダメだ」と言う。その上、「ではどうするのか」という対案は少しもあがってこない。

改革案はAさんが一人でつくったものではない。助役や町長と何度も話し合ってつくっている。だが、周囲はAさんが勝手にやっていると思い込んでいる。困り果てたAさんが助役に相談したところ、「みんなの意見をよく聞いて進めるように」という返事しか返ってこない。選ばれた当初はやる気にあふれていたAさんだったが、最近では四面楚歌《しめんそか》状態に置かれ、すっかりやる気を失ないつつある。

行財政改革に限らず、何かを始めるには痛みが伴う。だが、人間は、どうしようもない状況に追い込まれればともかく、たいていの場合、今やっていることを変えたがらない。だから、積極的にかかわるのはごく一握りの人で、残りの人は静観したり、強く反対を唱えたりすることになる。上司はここに注意しなければならない。

隠れた「どうせ…」を防ぐには

——「モノをつくる前に人間をつくる」

トヨタ流に、「モノづくりは人づくり」という言葉がある。

「モノをつくる前に人間をつくる」という言い方もある。

世の中には、製造業は、設備をそろえ、人を雇い、材料さえ仕入れたら次から次へとモノができると考えている人もいるようだ。しかし、それでは、モノはできたとしても、決して「強い製造業」とはなり得ない。生産現場を支えている人たちが知恵を出し、心を合わせ、歯を食いしばってやっていくことで初めて、どこにも負けない「つくる力」が身につく。強い競争力を手にすることができるのである。

だからトヨタ流は「人間の知恵」や「人の和」にこだわる。まず人を育てること、その人の考える力を尊重することを最も重視する。職場から、やる気や人の和といった心の力が失なわれると、その職場は荒廃し、できる品物の質や量も確実に落ちていく。

のちにある企業のトップになったAさんは、若き日、親会社から派遣されて子会社B社の再建に当たることになった。新たにグループに入ったB社は、労働組合が強いことで知られていた。組合はしょっちゅうストを打ち、経営陣の決めることにことごとく反対をした。それが原因で経営不振に陥り、Aさんの会社が再建に乗り出すことになったという経緯がある。

それだけに、親会社からの派遣メンバーに対するB社社員の目は厳しかった。中でもAさんはメンバーの中で最も若く、さしたる権限も持っていなかった。それでも「何とか再建しよう」という意気に燃えてB社に乗り込んだ。そして工場に足を踏み入れて愕然《がくぜん》とした。床や壁は油や切粉《きりこ》（削りカス）で真っ黒になり、歩くと靴は油まみれになるという状態だった。モノは雑然と置かれ、まさに足の踏み場もない状況である。「ここでよくモノをつくっていたものだ」がAさんの正直な感想だった。

さっそくAさんは朝礼でこんなことを聞いてみた。

「この工場に自分の家族や恋人を連れてくることはできますか」

全員が顔を見合わせて「そんなことできるわけがないだろう」とささやいた。Aさんは、すかさずこう聞いた。

「なぜ工場をきれいにしようとしないのですか」

「ペンキを買うお金がない」「ろくな掃除道具がない」などといった返事が返ってきた。そこでAさんは上司に相談して掃除道具一式とペンキなどを買いそろえ、一緒になって工場の清掃に取りかかった。

その甲斐あって工場は少しずつきれいになり始めた。それにつれ、B社社員もAさんのことを「この若いのは言うだけじゃなくてやることもやる」という目で見るようになった。

それでも、つくるほうは相変わらず停滞したままだった。以前ほどではないが小さなストもあり、ラインが止まることもしばしばだった。原因は、B社の管理職と社員のコミュニケーションの悪さにあった。お互いに不信感のかたまりであり、「話してもムダだ」という雰囲気があった。

見かねたAさんは、上司の許可を得て、工場で働く人たちに集まってもらい、「何のために働くのか」「会社の目標は何か」といったことを一つひとつ丁寧に話をさせてもらった。最初はみんな冷ややかな態度で聞いていたが、やがて身を乗り出すようになり、最後は「今までこんなことを話してくれる人はいなかった」という感謝の言葉さえ聞かれるようになった。

その日からB社の社員は変わり始めた。

Aさんが工場に行くと、あちこちから声がかかるようになった。Aさんはすぐに実行できることはその日のうちに実行に移し、時間のかかることやお金のかかることは上司と相談して、一つひとつ実行していった。同時にAさんも自分の気づいたことをみんなに話し、改善も進めていった。当初「どうせ再建はムリだろう」と思われていたB社の再建は二年で軌道に乗った。

Aさんは三年目の黒字を見届けて親会社へと戻った。

のちにAさんはいくつもの会社で再建のお手伝いをすることになった。B社で、人と人とのコミュニケーションの大切さ、人の気持ちがまとまった時の強さを知ったのは得がたい経験だった。以来、どんな会社に行っても、「現場の人のやる気を引き出し、知恵を活かせばたいていのことはうまくいく」という気持ちで臨んだという。事実、すべての会社の再建に成功している。

人を活かすことは知恵を活かすこと

トヨタ生産方式を実践しているC社が、ゼロ災（災害根絶）達成に向けて行なったのは、規則の改定や罰則の強化ではなく、職場環境の改善だった。

スタッフがいる事務棟よりも、現場の環境をよりよいものにする。工場の床や壁をきれいにし、トイレや風呂なども使いやすく快適にする。そんなことだった。

だが、環境が変われば人の心も変わる。

以前は乱雑に置かれていた仕掛品《しかかりひん》（製造途中の半製品）や材料がきれいに片づけられ、機械の操作や車の運転も丁寧になった。朝礼で自分たちでつくった安全スローガンを発表したり、グループで安全パトロールに出る動きも出始めた。安全に関する勉強会も自主的に開催するなど、安全意識が格段に高まった。

こうして災害件数は格段に減り、数か月後には「ゼロ災」は不可能ではないと言えるようになった。

これほど、働く環境は重要になる。汚れた現場、汚れた職場では働く喜びを感じるのは難しい。人に生き生きと働いてもらうためには、人を大事にすることが絶対条件だ。環境を整え、働く人たちの知恵を活かす。それがやりがいへとつながり、やる気と強いチーム力を生むもとになる。

同じような設備、同じような材料を使いながら競争力に差が出るのは、つくり方の違いだ。つくり方は人の知恵がどれだけついているかで決まる。知恵の出方は、やる気と「チームとしての力」で差がつく。

仕事がうまくいかない時、部下の無能を嘆く上司が多いが、そんな時は「自分は部下の知恵とやる気を引き出すことができているか」を振り返ってみるといい。

「情実」から「実情」に即す

――「競争の中に心の絆は厳然と存在します」

部品や材料を納品してくれる協力会社とのつき合い方は、企業によってさまざまだ。欧米型の「より安い価格」を求めて取引会社を次々と変えていく、いわば「焼き畑農業」的なつき合い方もある。トヨタ流に代表される、じっくりとつき合うことで価格や品質を改善していくつき合い方もある。

一時期、後者のやり方は系列批判とあいまって、時代遅れと揶揄《やゆ》されたことがある。だが、今日のように部品会社を含めた総合力が問われるようになると、「焼き畑農業」では対応できなくなる。いったん切り捨てた協力会社とのつき合い方を再度見直す企業さえ出ているほどだ。

確かに、関係会社や協力会社との間に経済性を無視した「情実」が入り込むと、問題が起きる。かといって「資本の論理」だけでもうまくいかないのが難しいところだ。

張富士夫氏は、両者の間に「心の絆《きずな》」「信頼感」が欠かせない、と考えている。雑誌のインタビューでこのように話している。

「現実の市場の競争社会では、企業を買ったり買われたりする『資本の論理』は厳然としてあり、それは十分わかっています。われわれはこれからも関係会社との強固な関係を築いていきますが、これは『情実』ではありません。『心の絆』といいますか、そういうお互いの『信頼感』で結び合っていきたいと思います。この『心の絆』は今でも（トヨタの中に）厳然と存在します。競争社会の中にあって、それを強固にするのも私の大事な役割だと思っています」

目標と信頼感を分かち合う

系列というのは、固めすぎるとぬるま湯的な環境になる。だから、トヨタ流は、系列の壁を取り払い、世界最適調達として、海外の優秀な部品メーカーから調達する仕組みも取り入れている。つまり、系列に対しても、何でもオーケーではないのだ。価格や品質面で高い目標を示し、それが達成できれば購入するが、達成できない場合には、系列外から調達することも辞さないという厳しさを見せている。

しかし、一方では系列企業が目標を達成できるように、人や資金、技術面でのバックアップは惜しまない。背景にあるのは、張氏が言う「心の絆」や「信頼感」を大切にする気持ちだ。別の雑誌でこう話している。

「六十数年間培《つちか》ってきた関係をわざわざ壊す必要もありません。長期的安定的な関係がないと、かえって品質が悪くなり、値段が高くなることになりかねません。競争もある緩やかな系列関係をつくる必要があります」

「六十数年間培ってきた関係」という言葉に、トヨタと協力会社のつき合いの深さがうかがえる。

　こうした関係をより強固にしたのが、協力会社へのトヨタ生産方式の導入だった。協力会社への指導、支援は多くの企業が行なっている。だが、トヨタほど集中して継続的に指導する企業はあまりない。

　大野耐一氏の指揮のもと、若き日の筆者は、協力会社に出向き、現場の人と一緒に改善に励んだ経験を持っている。最初に現場の人たちとの信頼関係をつくり、モデルラインによって、事実を一つひとつ積み重ねていく。そうすることで初めて相手企業の人たちも納得し、みずから改善に取り組むようになる。

　大野氏は相手企業がトヨタ生産方式を完全にマスターし、成果をきちんと上げるまで根気よく指導を続けた。途中で投げ出すことは絶対にしなかった。

やっている時にはお互いに真剣勝負であり、意地と意地がぶつかり合うようなこともあった。だが、いったん成果が出てからは、指導した者とされた者の間にはまさに「心の絆」というか「信頼関係」が生まれる。この繰り返しが強い協力会社をつくり、今日のトヨタを支える一因ともなっている。それだけに、張氏が言う「六十数年間培ってきた関係をわざわざ壊す必要がない」が、筆者にはよくわかる。

情実に流されるのではなく、競争の中にもしっかりとした「心の絆」「信頼感」でつながっていれば、いいモノをつくるという共通の目的に努力することができる。

資本の論理だけでいいのか

トヨタ生産方式を実践しているA社から協力会社B社の生産改革を支援するために派遣されたCさんは初日から立ち往生した。

B社には労働組合があり、作業のやり方一つ変えるにも組合を説得する必要がある。ところが、Cさんは労働組合のないA社で育ったため、どう対応すればいいか検討がつかなかった。戸惑うCさんに、一緒に行った上司は「現場の人との共鳴を大切にしなさい」と声をかけた。ただ、対応はCさんに一任した。

Cさんは「なぜやり方を変えなければならないのか」について、一つひとつ理由を説明し、納得を得ていった。徐々に協力も得られるようになり、何日もB社に泊まり込んで改善を続けた結果、新しい生産ラインが無事動き出した時には、みんなと酒を酌み交わすほどの関係を築くことに成功した。

中でもうれしかったのは、それまで反対ばかり口にしていたベテラン社員が、ライン稼動当日、真新しい靴を履いてきたことだった。聞くと、「新しいラインの初日には新しい靴でと思って」と照れながら答え、「よくやってくれた」と握手を求めてきた。みんな押し黙って仕事をしていた現場に、会話が生まれ、「今度はこんな改善をしよう」と意見を出し合う姿も見られるようになった。「大変だったけど、がんばってよかった」とCさんは痛感したという。

親会社と協力会社という力関係を利用しての改革ならこうはいかない。

「仕事は権限や権力でやるものではない」

これは大野氏の言葉だ。人の動かし方だけではなく、企業と企業の間にも言えることだ。とかく「資本の論理」「株主の論理」ばかりが前面に出る時代だが、人が動き、企業が一丸となるためには、人と人、企業と企業の間にも心の絆や信頼感が欠かせない。それが仕事上どれだけ大切なものかを部下に教えるのも、上司の重要な役目といえる。

この道はトヨタ流に通じる！ 2

セコム創業者の飯田亮氏は、「実現は不可能だ」とされる難事業を実現する方法を、部下にこう伝授した。

その事業にはいくつもの規制の壁があり、実現を困難にしていた。飯田氏は「だからムリですよ」という部下を連れて、何人もの識者を訪ね、事業の実現性を尋ねた。案の定、いくつもの課題が浮かび上がり、みんな一様に「難しい」と言った。そこで飯田氏は、部下にこう言い放った。

「これで解決すべき課題が見えた。この課題さえ解決すれば『できる』ということだ。これでお前にもできるだろう」

部下は「課題があるからできない」ではなく「課題さえ解決すればできる」とする発想の逆転に驚いた。目の前に山積する課題は、できない理由ではなく、実現への道しるべになったのだ。

＊

リコー最高顧問の浜田広氏が、こんな話をしている。

「決断力とは何か。意思決定の速さと言う人もいます。しかし私は『短い時間の決断は間違い』と思います。考える時間は長くてもよい。早い時期に決断することです」

大切なのは思考の「速さ」より、考え始め、考え終わる時期的な「早さ」だ。リコーは他社よりかなり早い一九九一年に本来の意味のリストラ（人を切らない事業再構築）を敢行することで、以降十年以上続く増収増益の土壌をつくったという。

決断は、追い込まれた時、少ない選択肢の中で短時間でやると間違いやすい。早くから問題意識を持って取り組むことだ。

第三章

組織についたクセを変えていく

――「チームの力」を日常から引き出す

「エース依存」の構造を変える
――「人を抜く時は優秀な人を抜け」

トヨタ生産方式を実践しているA社が、間接部門の人員の少人化（少ない人数で仕事をすること。少力化、省人化の発展形）、活人化（人の活用の最大化）を実施した時の話だ。

モノづくりのメーカーは、生産部門のコスト削減には、必死に取り組んでいる。企業によって差はあるものの、各社とも、間接部門よりコスト削減がはるかに進んでいる。

問題は間接部門だ。

生産部門が大変な努力によってコストを一割下げる。本来ならこれで競争力がアップするはずだ。ところが、ここに間接部門の人件費や経費を乗せていくと、同業他社と大差のない原価になってしまう。そんなケースがしばしば目につく。

間接部門を放置したままで競争に勝つのは難しい。そう考えたA社は、間接部門の人員を大幅に少人化し、間接部門から抜いた人間を強化すべき部門や新規事業にあてることで、競争力のある企業を目ざすことにした。

ここまでは管理職のほとんどが賛成した。

問題は、「誰を抜く（他部署に移す）か」だった。

A社の狙いは、少人化だけでなく、活人化にある。人を減らすだけであれば、たとえば評価の低い人間を対象にすればいいのだろう。だが、抜いた人間で他部門を強化するのであれば、話は別だ。

人を迎える部門であれば、できるだけ優秀な人間がほしいに決まっている。それに対して、人を抜かれる部門からすると、少ない人間で仕事をすることを余儀なくされるだけに、できるだけ優秀な人間を残したいと考える。当然の話だ。

少人化と活人化という総論には賛成した管理職たちも、「誰を抜くか」という各論に入ると意見が対立し、間接部門改革は前に進まなくなってしまった。

A社に限らず、通常の人事異動でも、人を迎える側は優秀な人間を望む。人を出す側は使いづらい人間やできの悪い人間を出そうとするのが一般的だ。

かつてトヨタマンBさんも部下であるC課長の扱いに悩み、大野耐一氏に「C課長がいると仕事がスムーズに進まない。ほかの人に替えてくれ」と願い出たことがある。C課長は、上司であるBさんの言うことをとにかく聞かなかった。そうした事情を大野氏は知っていた。だが、それでも大野氏の返事は「ダメだ」だった。

理由はこうだ。

「C課長を替えたとして、彼を引き受けた部署はどうなるんだ。同じように困るだろう。どれだけやりにくくても、君がちゃんと教えろ」

大野氏によれば、誰も会社を悪くしようとは思っていない。頑固で扱いづらい人間でも、きちんと説得すれば理解と納得を得ることができる。頑固で扱いづらい人間ほど、いったんわかれば懸命に働く、というのである。

そんな大野氏の下で長年仕事をしていただけに、張富士夫氏も、こう明言している。

「いったん採ったら責任を持って教育し、育て上げる。ろくに面倒も見ず、教育もしないで、『忙しくなくなったから首を切る』とか、そういう扱いをトヨタは絶対にしない」

そして、よく企業の中で言われる「二・六・二論」についても、否定的な見方をしている。「二・六・二論」とは、人物評価をすると、必ず二割が上で、中間層が六割、二割が下の評価になるという考え方だが、張氏はこう話している。

「あまりそういう見方をしていません。人はそれぞれ特徴があって、ツボにはまると、ものの凄い力を出す。適材適所といいますか。もしそうした人たち（下の二割）がいるとしたら、うまく活かしきっていないのではないでしょうか。経営者のほうが悪いというか、管理者が悪い。そんな感じがしますね」

人を選ぶのではなく、人を育てるのがトヨタ流マネジメントだ。つまり、「彼はダメだから」と辞めさせたり、他の部署に厄介《やっかい》払いするのではなく、責任を持って育てる。人を育てるのは上司の務めの一つであり、ちゃんと教えることができないようでは上司失格というほかはない。

依存が向上をはばむ

「誰を抜くか」でもめたA社も、最後にはトップが決断した。トヨタ流の原則である「人を抜く時は優秀な人を抜け」にのっとったのだ。

人を出す側の管理職には、部門で一番優秀な人間を外に出すように命じた。そして、「彼はダメだから」「いるとやりにくいから」とは言わず、そういう人間をきちんと教え育てることを指示した。

最初は「それでは仕事ができなくなる」とかなりの反発があった。それでも時間がたつうちに「あれでよかった」という声が大勢を占めるようになった。

一番できる人間を何人か抜いたおかげで、残った人間から依存心が消えた。「自分たちで何とかしなければ」と必死に知恵を絞るようになった。仕事を「これはお客さまの役に立っているのか」という基準で選別するようになった。役に立たないと思われるものは切り捨てた上で、やるべき仕事を標準化、各人が複数の仕事ができる多能職へと変わっていったのである。

その結果、多少の停滞は仕方がないと考えていた予想に反して、仕事は以前よりスムーズに進むようになった。

何より驚いたのは、残ったメンバーの成長だった。抜いた人間に比べ、当初は評価の低かった人間がきちんと成長し、抜いた人間をしのぐところまで成長を遂げた。「人は育つものですね」が、A社管理職に共通する感想だ。

だが、実は彼らの成長を妨げていたのは、管理職の「できる人財」への過度の依存だったのではないだろうか。それがA社トップの現在の感想だ。

「二・六・二論」は、時に下の二割の首切りへと向かうことがあるが、実際には下の二割をカットしても、残りの八割（上の二割と中の六割）から新たな「下の二割」が生まれるものだ。

トヨタ流は、むしろ上の二割を抜くことを考える。そうすることで残りの八割が成長し、人財の層が厚くなる。基調に「人はチャンスを与え、教育すればどこまでも成長できる」というトヨタ流の人財観、チーム観がある。

「越権行為」を率先しよう
――「全体を見るセンスですね」

仕事で、「他人の庭がよく見える」ことは多いが、「他人の庭の問題点が見えてくる」ことも結構ある。

そんな時の対応は難しい。

人の仕事によけいな口をはさむと、「越権行為だ」と言われるため、見て見ぬふりを決め込むのも一つのやり方だ。意地悪く、あえて教えない場合もあるだろう。成果主義の流行で、相手の失敗を願ったり、「自分さえよければ」という人が増えているからだ。

「問題があっても代案を考えないのは『越権行為だと遠慮する』のではなく、責任転嫁である」

これは、大野耐一氏の言葉だ。問題があれば率先して代案を考える。そして、よいことは「横展」によって他部署に広げる。

こうしたトヨタ流の考え方を、張富士夫氏が雑誌のインタビューでわかりやすく解説していた。まず、「どういう人が伸びるか」と聞かれた張氏は「きちんと行動できる人」に加え、「全体を見るようなセンスを持っている人」と答えている。

そして、このように話している。

「自分の課のことしか考えないのではなくて、部全体、要するに全体を見るようなセンスですね。これは持って生まれたものもあるかもしれませんが、あとで磨くものだと思います。たとえば課が五つあるとします。現場でいえば、最後は組立です。その前の工程に、塗装があり、ボディがあり、プラスチック部門やプレス部門がある。どれか一つが問題を起こせば車が出ない。その時に、『あそこのプレスが悪い』とか『ボディがダメだ』と言っている人と、そんなことを言わずに自分の手勢を連れて問題の現場に飛んでいく（人がいます）。（後者は）『どっちみち、ここのラインが止まるから、手伝おう』と言って、黙って手伝う。そうして黙って自分の持ち場に帰っていく。こうした人は伸びていく。まわりの信頼も出てくる。こいつはいいなと」

問題が起きた企業でしばしば耳にするのが「よその部署のことで気がつかなかった」とか「他部門には口を出しづらかった」という言い方だ。確かにそういう面もあると思う。誰しも自分のやっていることにあれこれ口を出されるのは嫌なものだし、よそのことに首を突っ込んで厄介ごとを抱え込みたくはないという気持ちがある。

しかし、それでは会社のためにならないし、結局は自分のチームのためにもならない。マネジメントを考えても、こうした態度には大きな問題がある。

自分のメインをしっかりと持つ

キヤノン販売社長の村瀬治男氏が、こういうことを言っている。
「組織が大きくなると、どうしても役割は細分化して、自分で何もかもやるということがなくなる。さらに、お互いのやっていることに干渉しなくなる。組織肥大化のデメリットだ。私はここで声を大にして、『よその仕事に干渉しろ。いい意味での野次馬になれ』と言いたい」（『キヤノンの掟』プレジデント編集部編　プレジデント社）
村瀬氏によると、「自分の仕事はここまで、これは私の仕事ではありません」という態度や姿勢で仕事をしていては、本人も会社も発展はない。自分の守備範囲から、もうちょっと横に広げてものを考える。これを「のりしろの部分を持つ」と言う。のりしろがあれば、課と課、部と部、事業部と事業部などの両面をカバーすることができる。また、それぞれの考え方の違いも知ることができるという。
キヤノン販売の場合、ビジネス機器も扱えば、カメラも扱っている。お客さまも、法人、個人客とさまざまだ。「この方とは事務機だけでおつき合いしているので、カメラは関係ありません」では困る。「自分の仕事じゃないけれど、ちょっとこっちの話も聞いておこう」という態度が、本人の成長にとって、もの凄い栄養になる。

まず自分のメインの仕事をしっかりと持つ。その上でまわりに目配りする「のりしろ」を持つ。それが仕事の幅を広げ、会社の利益にもなるわけだ。

組織の壁を低くする

個人も企業も、成長し続けていくためには、組織の壁は低いほうがいい。

トヨタも、車の開発に当たっては、関係する部署からたくさんの人間が一同に会して新車のコンセプトを立てていく大部屋方式を取っている。組織の壁はかなり低い部類に属するはずだ。

ところが、そこにも「二四八の壁」があると、トヨタ自動車社長の渡辺捷昭《かつあき》氏が副社長だった頃、雑誌『文藝春秋』（文藝春秋）の対談で話していた。

「豊田市の本社は国道二四八号線を境に、東側が技術開発で、西側に生産技術および製造部門が陣取っている。お互いに口もきかないというんじゃなくて、反対にお互いの領域にガンガン口出ししていくから喧嘩《けんか》になるんです。でも、そうやって部門の壁を越えて自由にものが言い合えることが、改善がいつまでも続くための最大の秘訣なんですよ。

私が工場長をやっていた時も『設計、生産技術、製造、調達の四位一体《よんみいったい》じゃないといい車はできない。遠慮せずにお互い気がついたことは何でも言い合おう』と常々言っていました。何しろ設計にしてもいくつにも分かれているし、生産技術も工程はたくさんある。第三者から言われて初めて気づくことはいっぱいあるはずです。それだけでなく、人事や経理、原価計算部門まで含めた、何百人、何千人の総合力がギュッと集まらないと一つの車はできません」

組織の壁を越えて、みんながお互いの問題に関心を持ち、気がついたことは自由に言い合う。現実には、心理的な壁や時間的な壁などが残るかもしれない。だが、少なくとも、そうした風土づくりは欠かせない。

壁の多くは、上司にも責任がある。

自分の領分を決め、みずからの権益を守ろうとする。それを部下にも押しつける。今の時代、一つの部署で完結する仕事は限られる。いくつもの部署、いくつもの協力会社が協力して初めて成果の出る仕事が増えている。上司みずから壁を越えていく努力が欠かせない。上司自身が「のりしろ」を持ち、自由にものを言ったり、他からの指摘に素直に耳を傾けたりすることが必要だ。

「やる」を増やして「やらせる」を減らせ

――「問題は社内で出し尽くそう」

トヨタ生産方式は、今でこそモノづくりのグローバル・スタンダードの地位を占めつつある。だが、かつては誤解され、非難された時期がある。

たとえば「かんばん方式」がそうだ。

かんばんとは、生産指示票のことである。トヨタ生産方式で使われる手段の一つにすぎない。ところが、それがすべてであるかのように誤解され、トヨタ生産方式は「かんばん方式」と誤称された。それどころか、「かんばん方式は下請け（トヨタ流では「協力会社」と呼ぶ）いじめである」とまで非難された。

なぜそんなことになったのか。

一九七三年の第一次オイルショックによるコスト増で、トヨタ生産方式のコスト削減の有効性が広く知られるようになった。だが、多くの企業は「かんばん方式」の中の自分に都合のよい部分だけを取り入れた。そして、下請け企業にムリな注文をつけたのである。

大野耐一氏がそのあたりの事情を、次のように書いている。

「最近（オイルショック後）、『ジャスト・イン・タイム』ほど便利なものはないとばかりに、パワーのあるシャシー（車台）・メーカーが『ジャスト・イン・タイムに部品を持ってこい』と協力企業に言っていると時々、耳にする。社内のつくり方を変えずに、外注部品の引取だけに『かんばん』を使うと、『かんばん』はたちまち凶器に変わってしまう。本来の役割からかけ離れた異質なものになってしまう。

『ジャスト・イン・タイム』とは、必要な部品が、必要な時に、必要な量だけ、ライン・サイドにぴたりと到着する理想のシステムだ。だが、これをシャシー・メーカーは相手の協力企業だけにやらしてはいけない。トヨタ生産方式の導入は、既存の生産システムの全面的な組み替えにほかならない。だから、採用するからには、腹をすえてかかってもらいたいものである」（『トヨタ生産方式』大野耐一　ダイヤモンド社）

大野氏が豊田喜一郎氏考案の「ジャスト・イン・タイム」への挑戦を開始したのは、トヨタ本社工場で機械工場長を務めていた一九四〇年代後半だ。その後、大野氏の権限が大きくなるにつれ、挑戦の輪が協力会社にも多少は広がった。それでも一九六三年頃までは外注部品はいっさい新システム（トヨタ生産方式）の対象とせず、すべて社内工場だけでシステムづくりに取り組んでいる。「新システムの問題はすべて社内で出し尽くそう」というのが、トヨタ首脳陣と大野氏の考えであった。強引に協力会社に押しつけることは決してなかった。

ようやく一九六三年から、外注部品にもトヨタ生産方式の導入を始めた。この年、大野氏は元町工場から本社工場の工場長に就任する。それを機に、工場の中だけで使う「内かんばん」から、協力会社を巻き込んだ「外かんばん」の導入を決意したのである。

しかも、トヨタ生産方式の普及に当たっては、力関係を利用して「やれ」と命じることは決してなかった。技術指導員を各企業に派遣し、徹底した指導を行なっている。相手企業が新システムを十分に消化して、ジャスト・イン・タイムのモノづくりができるようになって初めて、トヨタへの納品形態を変えるというやり方だった。

そんな大野氏から見ると、自社のつくり方を変えないで、協力会社だけに無理難題を押しつけるのは、容認しがたいやり方だった。そうした誤りと過ちを正すために、大野氏は本を書き、講演に出るようになるのだが、現在でも、「自分たちは変わらずに、相手に要求する」人や会社は、あとを絶たないようだ。

トヨタ流チームづくりの基本は「まず自分たちが変わる。そして相手に『こうすればできる』と説得する」ことである。そこを忘れないようにしたい。

要求だけでは人は動かない

トヨタ生産方式の導入を検討しているA社で一つの問題が起きた。

トヨタ流は「売れるモノだけをつくる」視点から、注文のあったモノだけをつくる「確定受注生産」を理想としている。だが、A社は営業の力が強く、営業マン個々の裁量で工場に発注をする。そのため、どこまでが注文品で、どこからが見込み生産かを工場でつかむのが難しかったのだ。納期がかなり先の注文も来れば、急ぎの注文も来る。ばらばらで、生産計画を立てるのも一苦労だった。

トヨタ流の「販売と生産の連動」とは、ほど遠い状況だ。まずは、この問題を解決するのが不可欠だった。

A社の工場の責任者は「まず営業が発注の仕方を変えてくれないことには」と言い、営業の責任者は「営業マンは忙しい。そんな暇はない。やり方を統一するのは難しい」と主張して前進しなかった。

どこでもよく見られる光景だ。「あそこがやるなら自分もやる」と、前工程や他部署に責任を転嫁する。いずれも自分たちがやるのは一番最後だ。面倒なことは他人にやってでもらうという意識だ。小チーム意識で目が曇って大チームの状況が見えず、結局は共倒れになるパターンである。

こんな時、トヨタ流は、自分たちでできることからまず始めていく。

A社の場合は、工場のつくり方を変える。営業からの注文で片っ端からつくるのをやめ、納期に合わせて「必要なモノを、必要な時、必要なだけ」つくる。納期に遅れることも、納期より早めることもしない。ムダな在庫を持たず、納期に合わせてつくる。それができる「つくる力」を営業に示し、販売と生産が連動する。そこから最も効率的なモノづくりをともに目ざす提案をする。

材料を納品してくれる協力会社にも、まず自分たちのつくり方をきちんと整えてから、「ジャスト・イン・タイム」への移行を依頼する。対応が難しい企業には社員が出向いて技術指導も行なう。

こうしてA社の生産改革は動き出した。

「隗《かい》より始めよ」だ。ものごとは言い出した人間が始めてこそ、周囲はついてくる。自分はやろうとせず、変えようとせず、他部署や他人に要求をするだけでは、上司は務まらない。みずから率先垂範し、みずから改善に励む。その後、他部署、他社に「こうすれば」と提案をする。「やってくれたら、うちもやる」ではなく、「まずうちがやる。だからやってほしい」で初めて人は納得し、チームはよく動くというものだ。

もっと大きな「ウチ意識」に導く

――「あるのは部分最適でなく全体最適だけ」

トヨタ生産方式の導入を考えているA社を訪問した時のことだ。

初めての企業を訪ねる時は、恒例《こうれい》として最初に工場や倉庫を見せてもらうことにしている。企業の実力は、話を聞くよりも、現場を見ればよくわかる。経営者の考え方、つくる力のレベル、社員のモラール（士気）の高低。何より、働いている人たちの様子を見れば、「組織の力」が見えてくる。

一通り見せていただいたあとで、役員や社員の方と話をする機会があった。その際、気になったことの一つとして、在庫の多さを指摘した。出荷を待つ商品が置いてある場所に足を運んだところ、納期が何日も先の商品がずいぶんと積んであったのだ。

トヨタ流では、納期に遅れるのはもちろんダメだが、納期より早すぎるのはもっと悪いとされる。

理由はこうだ。

早すぎ、つくりすぎを認めてしまうと、材料を先食いし、給料も先に出ていくことになる。確かに倉庫には在庫があり、これを売ればお金になり、帳簿上も資産になる。けれど、現実に売れなくてはお金は入ってこない。モノが売れてお金が入るより先に、材料費や給料が出ては、銀行などからお金を借りざるを得なくなる。まさに「勘定合って銭足らず」に陥るわけだ。

本来は、必要なだけつくって、それで人間があまったら、遊んでいればいい。それなら給料分の損失だけですむ。それを「遊んでいて給料をもらうわけにはいかない」と、モノをつくってしまう。すると、給料以外に材料費や電気代などが発生し、なおかつ在庫の山を築くことになってしまう。

大野耐一氏が「暇だったら遊んでいればいいのに、何やらごそごそと（つくりすぎのムダ仕事）をやる。ジャスト・イン・タイムはじっと（JIT＝Just In Timeの略）しておれだ」と言ったほど、早すぎ、つくりすぎは多くのムダを生む原因となる。

つくりすぎは悪

「必要なモノを、必要な時、必要なだけ」つくる。必要のないモノをつくるぐらいなら、何もしない。機械も必要なだけ動かして止めておく。簡単なことのようだ。

ところが、これがなかなかに難しい。

A社の場合も、営業から注文が入れば、納期が先でも、どんどんつくる傾向があった。それが倉庫に積まれた商品だった。しかも、商品は、工場とは別の営業倉庫へと定期的に運ばれるため、「自分たちはつくりすぎをしている」という実感を、社員はあまり持っていなかった。

だから、筆者が在庫のことを指摘すると、A社社員からこんな反論があった。

「確かに納期よりかなり早くつくるケースはあります。ですが、あくまでも営業の注文を受けてのものであり、決して売れないモノをつくっているわけではありません。それに納期に合わせてモノをつくると、工場の稼働率が落ちることになります。」

必要数に合わせてモノをつくる。必要数以上はつくってはならない。そうなると、A社の場合は工場のラインを止めることになる。人も減らすことになるだろう。それは工場が損をすることであり、そんなことはできない。

これが、A社社員の主張だった。

工場の立場に立てば、この社員の言うことは間違いではない。役目はモノをつくって、納期までに納めること。それ以上のことは求められていない。

しかし、これでは、工場を含めたA社全体が競争力を高めていくことが難しい。

必要数こそ万能数

トヨタ流は「必要数こそオールマイティ」と考える。必要数とは、売れ行きのことだ。すべて市場の動向から決まってくる。つまり、必要数は、生産現場に与えられるものである。自分たちの都合で勝手に増減はできない。

必要数が増えれば、それに合わせて生産体制を組み、必要数が減少すれば、やはりそれに合わせて作業者の人数を減らしたりして対応する。それがトヨタ流だ。

これをせず、「どうせ注文が入っているから」「在庫もいずれ売れるから」とつくりすぎのムダをすると、大きなツケが回ってくることになる。

A社工場に求められているのは、納期に合わせてモノをつくることである。それは、必要数の変化に柔軟に対応できる生産体制を組むことでもあるのだ。それなのに「工場の人や設備をいかに遊ばせないか」を優先するあまり、先へ先へとモノをつくることが多かった。A社自体もそれをよしとしていた。その結果、実に膨大な在庫を抱えるという問題が生じていた。

そういう会社の仕組みを変えることはもちろん、人の意識を変えることが必要だった。

「機械を止めれば工場が損をすると言うけれども、注文の先食いが結局は多くの在庫を生み、会社全体の損失につながっている。工場が損をしなければ、会社は損をしていいのかということです」と指摘した。そしてこう続けた。

「自分は」「自分のところは」と一生懸命にやるのはいい。だが、この意識が過剰になると、全体としての目標達成を妨げることがよくある。

「部分最適」「全体最適」という言い方があるが、トヨタ流にあるのは「全体最適」だけだ。部分最適をいくら追求しても、それは「部分不最適」にしかならないと考えている。工場の仕事も、「モノをつくること」ではなく、「売れるモノをいかにより早く安くつくるか」である。

こうした話を、A社社員も理解してくれた。そして、次の段階に進むことになった。次の段階とは、必要数に応じた柔軟な生産体制を組むことでコストを下げて「つくる力」を高め、仕事量そのものを増やしていくことだ。

トヨタ流に「二階級上の立場で考えろ」という言葉がある。

ものごとを判断する時には、より広い視野で考えることが必要だ。そうすれば、自分や自分の部門のことだけではなく、会社全体のこと、お客さまのことを考えて、「何がベストか」が判断できるようになる。広い視野が、トヨタ流の上司には求められている。

平伏でなく心服で動かす
――「仕事は権限や権力でやるもんじゃない」

権限や権力を初めて持った人は、どうしても錯覚を起こしやすい。「自分は○○なのだから、部下やまわりの人間は自分の言うことを聞くのが当たり前だ」と、つい思ってしまうのだ。

命令さえすれば言うことを聞いてくれるはずだと誤解し、「指示をしたのに誰も言うことを聞いてくれない」と泣きごとを言う人に、筆者はこう問いかけることにしている。

「君の子どもに『これから毎日三時間勉強しなさい』と言えば、やるようになるかい」

「親が言ったくらいで勉強するのなら苦労はしません。そんなに簡単に言うことを聞くわけがないじゃないですか」

「親子でさえそうだ。いくら責任者になったからといって、大の大人を相手に『ああしろ、こうしろ』と命令したぐらいで工場が変わるわけがないだろう」

権限や権力だけで人が動かないとすれば、人はどうすれば動いてくれるのだろうか。

若いAさんが、生産改革の責任者に任じられた。だが、いっこうに改革が進まない。大野耐一氏に「改革が進まないのは、自分の権限のなさだ」と訴えた。大野氏に、こう諭された。

「仕事は権限や権力でやるもんじゃないよ。職務権限をどんなに大きくしたって、いいモノができるわけではない。大切なのは粘り強い理解と説得なんだ。結局のところ、モノづくりは人づくり、人の指導の仕方いかんなんだ」

Bさんは、チーフエンジニアに抜擢された。張り切るBさんは、上司からこう言われたという。

「チーフエンジニアに命令権はない。権限はない、あるのは説得力だ」

Bさんの上司は、人を動かすには権限ではなく、説得力が大切だと考えていた。だから、Bさんが人を引っ張らなければならない場面に直面した時、しばしば「君の言うことが正しいなら、相手を説得できるはずだ」と話したという。

Aさんにしろ Bさんにしろ、それなりの権限は持っている。だからといって権限を振りかざしてはいけない。「自分の言う通りにやれ」と指示をしたら、一回はムリにでも動かせるかもしれない。しかし、二回、三回はなかなか続けられない。必ず反発が起きる。

権限は何回かしか使えず、信頼関係は何回でも使えるというわけだ。

張富士夫氏は、一九八六年に、トヨタの北米初の進出先である米国ケンタッキー州に赴き、工場を立ち上げてトヨタ生産方式の定着に努めた。その難しさを、師匠である大野耐一氏に手紙で伝えたところ、

「ムリをせず、粘り強く」

と励ます返事が返ってきたという。

ここにも、権限や権力に頼るのではなく、粘り強い理解と説得によって人を動かすトヨタ流マネジメントの要諦があらわれている。

望むなら人望を持て

ある会社のアメリカ子会社に社長として赴任したCさんが最初にやったのは、工場に一日に何度も顔を出すことだった。社員と挨拶を交わし、落ちているゴミなどを拾う。

これまで工場に、Cさんほど頻繁に顔を出す社長はいなかった。Cさんは、顔を出した上、みずから整理や整頓をしている。その姿を見て、現地社員は最初は怪訝《けげん》な顔をしていた。だが、やがてCさんと気軽に言葉を交わすようになった。そのうち、あれこれ相談を持ちかけるようになった。

Cさんは、できる限り彼らの悩みを解決するとともに、自分が気づいたことも少しずつ指摘し始めた。徐々に工場に「改善」が定着するようになり、数年かかると思われていた生産改革が実現していった。長年続いた赤字も赴任からわずか二年で黒字への転換が可能になった。日本に帰ったCさんは、新たな会社でも、改革に先立って必ず夜勤の交替時間に工場を訪ね、工長さんと話をすることにしている。

何かを変える時には、必ず現場の人間とコミュニケーションをとり、理解と納得を得てから進めていく。これがCさんのやり方であり、だからこそ現場はCさんが進める改革には積極的に参画してくれる。

これができない人もいる。

「自分はこれまでトップセールスマンとしてやってきた。それが評価されて同期の中で最も早く営業所の所長になることができた。ところが、そんな私を部下は快く思っていないと見えて、ちっとも言うことを聞かない上、私の足を引っ張るようなことばかりします。どうしたらいいでしょうか」

若くして出世したDさんは、部下の扱いに、ほとほと困り果てていた。「部下には自分より年長の人もいてやりにくい」「これまで順調に来ただけに、部下に弱みを見せたくない」と訴えるDさんに、ある企業の経営者E氏がこうアドバイスしていた。

「当社の店長にも同じような状況になってしまう人がいます。彼らにこうアドバイスをしています。誰よりも早く出勤して、事務所やトイレを掃除し、冷暖房をつけ、店員が出勤してくるのを待ちなさい。出勤してきたら『おはよう』と声をかけ、一緒に店をよくしたいことを態度で示して下さい。部下に『店長は自分たちのことを本気で考えている。この人についていったら安心だ』といった信頼感を持ってもらうことが何より大切です。その上で、部下一人ひとりとよく話し合うのです」

E氏によると、「自分は優秀だ」と思っている人間ほど、部下の意思を無視して、あれこれ指示する傾向がある。部下にはそれが押しつけと映り、そこに若さが加わると反発を招くことになる。所長の役目は「プレーヤーである部下が働きやすい環境をつくる」ことだ。そのためには権限を振りかざすのではなく、ともに協力して仕事ができるだけの信頼関係を築くことが必要だ。

これが、E氏のDさんへのアドバイスだ。

仕事は権限や権力でやるものではない。大切なのは理解と納得であり、信頼関係をベースにして初めてものごとはうまくいく。トヨタの上司に「人望」が求められるのは、仕事における信頼関係づくりの大切さをよく知っているからだ。

「見える化」のシステムづくり
――「情報は公開してこそ意味を持つんだ」

トヨタ流は、問題があったらすぐに仕事を止め、「なぜ問題が起きたのか」という真因を追求して改善を施す。仕事を止めるのは、問題をみんなに見えるようにして、みんなで知恵を出し合うためだ。

ある人がこう話していた。

「現場のディスクロージャー（企業情報公開）は凄いですよ。やっている人だけがわかるのでは、その人だけが苦労を背負い込むことになりますよね。だから、組長や係長、課長、工場長などみんながわかるようにしてます」

問題は隠すから大きなトラブルに発展する。なぜ隠すのか。「一人で解決しよう」とするからだ。だが、そうやって問題を抱え込んでも、一人でやれることには限界がある。むしろみんなに見えるようにしたほうがいい。知恵を出し合えば、問題はすぐに解決し、人も組織もより強くなることができる。

「みんなで苦労を分かち合う」のがトヨタ流だ。

チーフエンジニアＡさんのこんな言葉がある。

「僕は、一人で悩むよりは百人で悩みたい」（『トヨタはいかにして「最強の車」をつくったか』片山修　小学館文庫）

Ａさんは、モノづくりには信頼感と共有意識が大切だと考えている。そのため同じことを繰り返し何百回も話し、メンバーと対話しながら、コンセプトを修正したり、深めたりしていく。メンバー一人ひとりが自分で考え、知恵を出し合っていく。一人ひとりの成長につながり、チームを強くしていくというのがＡさんの考え方だ。

「自分は選ばれた」という自負を持ち、自分一人で何でもやろうとする。その責任感は立派だ。だが、たくさんの人を巻き込み、たくさんの知恵を集めることのほうがもっといい。問題をみんなに見えるようにして、たくさんの情報を発信する。そうすることで周囲の人は「何をやろうとしているのか」「何が変わろうとしているのか」を理解し、協力してくれるようになる。

問題は一人で抱え込んではならない。みんなで苦労を分かち合い、みんなで知恵を出す。ものごとを進める上ではこれがとても大切なことだ。上司はとかく一人で苦労を抱え込みがちな部下に「情報は飼い殺しにしてはならない」と教え、「ともに苦労を分かち合う」姿勢を示すことが求められる。

仕事を抱え込むな

ある企業が工場の「ゴミゼロ」を目ざして活動を開始した。プロジェクトの責任者に選ばれたBさんに、上司はこんなアドバイスを送った。

「ゴミゼロは、口で言うのは簡単だが、実行は大変だ。現場の人に大きな負担をかけることにもなる。自分たちだけで進めるのではなく、情報はどんどん公開しろ。みんなの意見を聞いて改善しながら進めていけばいい。情報というのは飼い殺しにしてはダメだ。必要に応じて公開してこそ意味を持つんだ」

「ゴミゼロ」という理念は素晴らしい。だが、プロジェクトメンバーが机の上でプランをつくり、「さあ、この通りやってくれ」と言っても、そうそう賛同は得られない。

考えていること、やろうとしていることを広く公開し、みんなの意見を聞く。意見を取り入れながら進める。そうすることで初めて、プロジェクトは全社的な広がりを見せていくのだ。

情報は、みんなに見えるようにする。一人で抱え込むと、ものごとは前に進まない。

「組織に守られている」実感を与える

——「がんばらなくてもいい工夫をするのが君の役目」

一人の若いトヨタマンAさんが生産ラインの改善を行なった。思うような結果が出ない。しびれをきらしたAさんは、ラインに入って自分でやってみせた。「こうすればできるだろう」と現場の人たちに示す。そうすることで改善の結果を出したのだ。

しかし、その光景を見ていた大野耐一氏は、「よくやった」とほめるどころか、厳しく叱責した。

「思うような結果が出ないのは、何か理由があるからだ。『なぜ結果が出ないのか』について考える前に、自分でやって結果を出すのは、労働強化を強いることになる。もっと人を大切にしろ」

働いている人の苦労も喜びも知り、ともに努力してくれる人への感謝を常に忘れなかった大野氏ならではの叱責だった。以来、Aさんは「人を大切にする」こと、「考える能力を尊重する」ことを肝に銘じて仕事に取り組むようになったという。

このAさんは、のちのトヨタ自動車社長（現副会長）張富士夫氏である。エピソードは、拙著『トヨタ式人づくりモノづくり』（ダイヤモンド社）に張氏から寄せていただいた推薦文「トヨタ生産方式は『人間のためのシステム』である」からの引用である。

「人を大切にする」と言葉で言うのは簡単だが、実践するのは難しい。トヨタ流の凄さは、それを日本だけでなく、世界でも実践し続けていることだ。

北米ケンタッキー工場時代の張氏に、あるエピソードがある（雑誌『プレジデント』プレジデント社）。工場でのトヨタ生産方式の普及に努める一方で、自宅にカラオケセットを置いて工場内の各部の人たちと親睦会を開いたり、現地従業員のホームパーティーに参加するなど親密な交流を続けていた張氏にとって、ある雪の日の思い出は今も忘れられないという。

ケンタッキー州はあまり雪の降らない土地柄だ。だが、ある日、夜中から降り出した雪が朝になると勢いを増し、何十センチも積もる大雪になった。

「これでは夕方五時から始まる二直目の（交替勤務の）従業員は誰も来ないだろう。早めに中止を決めて、工場を閉めたほうがいいかもしれない」と考えた張氏が、それを現地スタッフの幹部に伝えると、「そんな必要はありません」と、きっぱりとした口調で答える。

それでも心配している張氏のところへ、日本人の製造部長が飛んできて「かなりの数の従業員が『この雪では二直に人が来られないだろうから、われわれが残って二直目も働きます』と言ってきました」と目をぱちくりしながら報告に来た。

一直目の従業員がそのまま残って働くということは、ほぼ丸一日勤務を続けるかたちになる。「アメリカ人がそこまで」と張氏は驚いた。

驚きはそれだけではなかった。

五時が始業時間となる二直目の従業員が、二時頃から続々と出社してきたのだ。いつも通りに家を出れば遅刻は間違いない人たちが、昼食をすませるや、早々に会社に向かったのである。二直は二直でどんどん出社してくるし、一直は一直で居残りを志願する。

現地の人たちの意欲的な働きぶりを目の当たりにして、張氏は「われわれは大変質のよいワークフォース（労働力）を手に入れて、本当にありがたいと思う」としみじみ感じたという。

「アメリカでは、簡単に首が切れるのが利点だ、などと言う人もいました。しかし、世界中、誰だって同じ人間です。やはり、トヨタは簡単には人を切らない、人を大切にする経営をやりました。そうして、一緒に苦労して仕事をしてみると、彼らのモラールの高さに感心させられました」というのが、当時を振り返っての張氏の感想だ。

考えることを保障する

トヨタ流の「人を大切にする経営」は、ケンタッキー工場の例でもわかる通り、日本だけでなく、世界中で歓迎されている。

張氏があるインタビューでこう話している。

「人を大切にするということが伝われば、働いている人たちも熱意を持って仕事をします。たとえば、『外国の自動車メーカーに負けないようにがんばろう』というスローガンを出したら、みんなが『よし、その目標に向かってがんばろう』と結集してくれますよ」

事実、トヨタの海外工場の求人募集に応募してくる人の中には「トヨタは人を大切にすると聞いてきた」と動機を口にする人もいるほどだ。いかに多くの人が「人を大切にする経営」に魅力を感じているかがわかる。

「人を大切にする」というのは、何よりも「考えることを保障する」ことだ。

かつて部下を初めて持つことになったあるトヨタマンが張り切っていたら、上司にたしなめられたという話がある。

「目標達成に向けて一丸となってがんばります」

「がんばらせるのではなく、がんばらなくてもいいように工夫をするのが君の役目だ」

というわけだ。

やみくもにがんばるのは、労働強化につながりやすい。それよりもみんなの知恵を集め、それをもとに改善を重ね、がんばらなくても成果が出るように工夫をする。それがトヨタ流の「人間性尊重」の考え方だ。

企業の力は、結局は働く社員の総合力で決まる。

働く社員一人ひとりが知恵を出し、生き生きと働けば、その企業はおのずと強い企業へと育つ。そのためには経営者はもちろん、部下を持つ上司一人ひとりが「人を大切に」し、部下の「考える力」を大事にすることが必要だ。

部下の「考える力」をチームとして結集する。それが組織に知恵をつける。知恵ある組織が強い会社を形成していく。

この道はトヨタ流に通じる！ 3

「『できない』と言ってはならない」とは京セラ創業者・稲盛《いなもり》和夫氏の言葉である。次のように言っている。

「一個三百円のICパッケージを百円でほしいというお客があらわれた時、どう考えても注文に応ずることはできない。だが、それは自分の現在の技術レベルだけで判断するからである。自分の苦労と努力の範囲内でできないと言っているだけだ。そこからは新しい技術の発展はあり得ない。もしそういうやり方で会社を経営してきたとすれば、今日の京セラはない」（『仕事学』稲盛和夫　三笠書房）。

稲盛氏は、無茶な注文に赤字覚悟で臨めと言っているわけではない。ムリな注文にも、「できない」ではなく、「何とかする」で利益をひねり出す。そこに技術の可能性、発展がある。「できない」のは、あくまで現在のレベルでの話であり、見方を変え、発想を変え、知恵を絞れば「できる」へと変わるのだ。

＊

『ビッグコミックスピリッツ』（小学館）連載の料理漫画『バンビ〜ノ！』（せきやてつじ）に、こんな話が載っていた。

主人公は六本木のイタリア料理店Aで修行中の若者「バンビ」だ。ある日、Aの元副料理長だった天才料理人Bと対決することになった。勝負の一品は、BがA料理店時代に考案した一品だ。天才と駆け出し料理人では勝負にならないと思われたが、結果はバンビの勝利だった。

なぜか。Bが料理店を辞めてからの二年間に料理店のブロード（煮出し汁）には改善が加えられ、より美味になっていた。だがBは自分が考案した時のままのつくり方をした。

しかも「料理は趣味だ」と言い放ち、ずっと本格的な料理をしていなかった。懸命な修行を続けてきたバンビに比べ、Bは、お客さまのことを考える気持ちも失なっていた。

「なんで二年も前と同じものをつくるんだ。止まっているんだよ」という言葉が天才Bに突き刺さった……。考えさせられる話だ。

＊

「ぶどうの樹」や「野の葡萄」といったレストランを展開する株式会社グラノ24Kは、福岡県遠賀郡という地方にありながら、全国の注目を集める。

レストラン業は、本来は人口が多く、食材が豊富に手に入る都会を好む。だが、同社はあえて社長・小役丸秀一氏の出身地で創業し、食材も地元産が中心だ。理由を小役丸氏が、テレビのインタビューで概要こう話していた。

「シェフは通常、最初にメニューを考え、それに合わせて食材をそろえる。だが当社は地元食材に合わせてメニューを考える。曲がったキュウリも使えば、大根も葉っぱから尻尾の先まで使ったメニューを考える」

メニューを考えて食材をそろえる料理は知識と技術があればできる。だが、地元食材だけを、それもムダなく使うとなると、既存の知識や技術ではできない。限られた条件で美味を生み出す知恵と工夫が求められる。だからモットーは「ないものねだりはしない」だ。「足りないからこそ知恵が出るし、かえってアイデアが出る」という。

同社は出店を急速に拡大はしないという。

「サラブレッドではなく、こって牛集団です。一歩一歩がんばっていきたい。楽しく仕事できるように、知識より知恵の出る発想力の養える場でありたいし、みんなにチャンスのある会社にしたいと思っています」

第四章

「仕事が見えている」部下づくりの方法

――「勝負強さ」を失敗から引き出す

「例外」に逃げるな
――「例外だと言って調べないのはとんでもない」

ミスを防ぐ基本は、ミスをしたくてもできないほどの「人にやさしい」仕組みづくりにある。

トヨタ流が考える「やさしい」には、二つの意味がある。

一つは「優しい」だ。若さとパワーがなければできないような作業は改善する。そして、誰もがムリなく働けるような作業環境をつくることである。

もう一つは「易《やさ》しい」だ。誰がやっても作業ミスなくできるモノづくりである。こちらのほうが、ミスをなくす上では重要になる。

ことに大切なのは、「ミスをどこで防ぐか」だ。

人間が作業をやる以上、多少のミスは仕方がない。だからといってミスを肯定するわけにはいかない。それでは「不良が発生しても検査で発見して手直しをすればよい」という話になってしまう。手直し自体がムダな作業である。その上、万一検査で発見できない場合には、不良品がお客さまのもとに届く。多少のミスも肯定したり、例外視したりしてはならないのだ。

トヨタ流は、ミスに例外をつくらない。「ミスは必ずなくなる」と考える。ミスをなくすには、モノづくりの原点にさかのぼっての仕組みづくりが必要になる。

ミスにはいくつもの種類がある。「こういうミスがありますから気をつけて下さい」と口でいくら説明してもダメだ。罰則を強化しても効果は薄い。ミス防止を人間の注意力に依存している限りは限界があるのだ。

考えながら、判断しながらの作業は、人によって、体調によって必ずミスが起きる。たとえば右方向につける必要があるにもかかわらず、左右どちらにもついてしまう部品。あるいはバラバラに並べられて届けられた部品。これらは、作業者の注意力だけに期待している。「ミスをして下さい」といわんばかりだ。

ミスが起きるたびに、作業者にいっそうの注意を喚起するだけの上司がいる。それでは進歩はない。大切なのは、ミスの原因（真因）をきちんと追求し、改善を施していくことだ。その繰り返しがミスを減らし、「ミスをしたくともできない環境」を生み出していく。

ミスは改善の好機

二〇〇五年末に、株式市場を混乱させる大ミスが起きた。内容は単純だ。「六十一万円以上の値段で一株売りたい」注文を、証券会社が「一円以上で六十一万株売りたい」と逆の数字で取引システムに誤入力してしまったのだ。

このような異常注文に対しては、自動的にストップがかかるシステムがあるらしい。ところが担当者は、その警告メッセージを見落としてしまった。あわてて取り消そうとしたが、東京証券取引所のシステムにも問題があって、大事故になったようである。

それにしても驚くのは、同様のミスが過去に何回か起きているにもかかわらず、再度起きた点だ。

二〇〇一年には、電通株について「六十一万円で十六株」を「十六円で六十一万株」と間違っている。いすゞ自動車株の「九万株」の売りを「九千万株」と誤った事例もある。いずれも今回と同様に単純な誤入力や異常注文に対する画面上の警告を見逃すといったきわめて初歩的なミスだ。

人間とは、つくづくミスをするものだと思う。株式取引のプロフェッショナル同士が長年やっている仕事にも、類似のミスが繰り返し起きる。ここにミスをなくすこと、防ぐことの難しさがある。

だからこそ「今回のミスはめったに起きないレアケースであり、やっている人間がいっそう注意を喚起すればいいことだ」と事例を例外視してはいけないのだ。

「これは例外だと調べもしないのはとんでもない」

と大野耐一氏がよく言っていた。張富士夫氏も、ある雑誌でこんな話をしていた。

「昔よく大野さんに言われたことがあります。（当時は）千回に三回起きること（ミス）は例外だという感じだったんですね。それを、大野さんは『バカ言うな、千回に三回も起きたら大変なことだ』と言うわけです。うちは当時、一日に何百とつくってました。ですから、（千回に三回では）三日に一回は悪さがあらわれる。だから、一番の問題は、十万回に一回しか起きないようなの（方法）をどう見つけるかだと（言うわけです）。『これは例外だ』と調べもしなかったら『とんでもない』ってね」

めったに起きないミスを「例外だ」と軽視すると、次にそれが起きた時には大きな混乱や事故を招くことになる。

ミスがあれば仕事を停止する。その場で真因を究明し、二度と同じミスが起きないように改善を行なう。それがトヨタ流のやり方だ。上司は部下に「ミスは改善のチャンスであること」を教える。ミスを改善のチャンスととらえることだ。

自前主義をできるだけ貫く

――「自分がどれだけ失敗しているかが大切だ」

トヨタ自動車のプリウスの生産台数が急伸している。理由は「環境にやさしいクルマ」としての高い評価だ。もう一つ、ハイブリッドシステムを積極的に他社に供給することでコスト競争でも優位に立ち始めていることも要因だろう。

二〇〇三年には燃料電池車「トヨタＦＣＨＶ」も世界に先駆けて販売するなど、環境技術の高さが、販売台数世界一の実現を強力にあと押ししているのは間違いない。

トヨタ流は、このように技術の内製化にこだわる。最近では「必要な技術は買ってくればいい」と他社からの導入を優先し、あまり内製にはこだわらない企業も少なくない。その中で、なぜなのだろうか。

張富士夫氏がこのように言っていた。

「『モノづくり屋』の伝統でしょうか。自分たちでつくっていきたいという思いが強いんですよ。うちの技術者たちがよく言うのが、『どれだけ失敗しているかが大切だ』ということです。人が開発したものを持ってくるのでは、失敗のノウハウが自分たちのものにならない、と言うんですね。ですから、できるだけ自前主義を貫いていこうと。

完成品を外注に出すことは割とよくやるんですが、最初の段階では、失敗しても、自分でやることが大切なんですよね。それが、トヨタのモノづくりの伝統だと思います。私自身、先輩によく言われたものです。『失敗を積み重ねて現在があるんだ。失敗してこそ、次の方向が決まるんだ。失敗することなく、成功例だけを手にしても、方向性を定めることはできないぞ』と。そういう考え方が遺伝子として受け継がれているんですよ」（雑誌『Ｖｏｉｃｅ』ＰＨＰ研究所）

豊田英二氏も技術者に、こう言い続けた人だ。

「すべての技術はなか（社内）でやれ」

一九五五年秋、英二氏は技術者に「空冷対向で二気筒、排気量七〇〇ccのエンジンがほしい」と言った。だが、当時の日本にはそんなエンジンは存在せず、世界に目を向けてもお手本になるものはなかった。技術者たちは、「たまったもんじゃない」と思いながらも、英二氏の「なかでやれ」という指示に覚悟を決めて開発に取り組んだ。その結果、見たこともないエンジンを設計、完成させてしまった（『豊田英二語録』豊田英二研究会編　小学館文庫)。

この「なかでやれ」は、その後も続く。

一九八〇年代の排ガス規制強化においてもそうだった。他社が外国の技術を買う中で、自社開発にこだわり続けた。ある技術者が「専門会社にやらせたらどうですか」と提案したところ、英二氏は二つの理由から反対をした。一つは「どうなるかわからないものを外の会社に任せ、リスクを負わせるわけにはいかない」である。もう一つは「基幹技術を外部に委託したらいざという時に困る」だった。

トヨタ流は、外注に出す時には、自社でもつくる技術を持ち、いざとなれば自社での対応が可能というレベルになっている。そうなって、初めて外に出す。「モノづくりにブラックボックスをつくらない」という理由からだ。また、「技術の一つひとつについて自分たちで試行錯誤を重ねることで、初めて本当の技術が身につく」という信念からでもある。

外からすぐれた技術やシステムを買って導入する利点は承知している。自社開発に比べ、失敗が少ない。「技術導入は時間を買うことだ」と言う人がいるほど時間の節約になる。しかし、それらの利点より、「なかでやる」ことによって得られるもののほうが大切だと考える。自社開発にはリスクもあるし、時間もかかるが、長い目で見れば、それが何ものにも代えがたい貴重な財産となる、というのがトヨタ流の考え方だ。

失敗が一番の勉強

日本に初めてコンビニエンスストア・システムを持ち込んだセブン－イレブン・ジャパン会長（兼セブン＆アイ・ホールディングス会長）の鈴木敏文氏が、みずからシステムをつくり上げる大切さをこのように話していた。

「過去の常識に一つひとつ挑戦することによって、今日のシステムをつくり上げてきました。私たちの仕事は、従来の業界の慣例や固定観念、既成概念に基づいたシステムを、お客さまの立場に立ったものにつくり替えることだったともいえます。何らかの業態定義に従ってつくったわけでもなければ、どこかにモデルがあって、それを持ち込んできたわけでもありません。目の前に立ちふさがるいろいろな壁を打ち破り続けることで、今日の業態を形成してきたのです。

私たちが切り開いた道を道標としてやってくればよかった同業他社には、私たちが一つひとつ壁を破ってきた時の苦労などわからないでしょう。そして、私たちのように苦労をすることなくやってこられたために、それ以上のものになれないのです」（『商売の創造』鈴木敏文　講談社）

ゼロから新技術や新ビジネスモデルをつくる。お手本がないだけに大変な苦労をする。

当然失敗もある。それに対して、他社の成功を見て道を決める会社は楽だ。どちらがよいかは考え方次第だが、いつまでもあと追いだけでは、鈴木氏が言うように、先駆者を追い抜くのはなかなかに難しい。

あるトヨタマンがこんなことを言っていた。

「何が一番の勉強かというと、失敗することだと思うんです。失敗は、必ず次につながる。ああでもない、こうでもないと試行錯誤していくことが、結局、仕事を覚える近道だと思います」

張氏も、大野耐一氏のもとでがむしゃらに働いた当時を振り返ってこう話している。

「三十代の頃、失敗しても構わない、毎日毎日やることが全部自分の血となり、肉になるんだという思いで、人の嫌がる仕事でも何でも積極的にやっていました。自分が成長するための肥やしにしているんだ、という気持ちで」

失敗のない近道ばかりを選んでいると、技術や考える力は本当の意味で自分のものにならない。オンリーワンにも、ナンバーワンにもなることが難しいし、新しいものを生み出す力は身につかない。上司は外からの導入や外部への委託を望む部下に対し、時には「なかでやれ」「自分でやれ」と命ずる強さが必要だ。

「できるまで」という締切を設ける

――「見つかるまで探してないだけだよ」

問題が生じた時、対策を立てるには「なぜ起きたのか」という原因を調べる必要がある。ところが問題によっては、原因が複雑に入り組んでいたり、思いもよらないものだったりで、簡単にはわからないことがしばしばある。そんな時に「とりあえず解決を急ごう」と表面的な現象をもとに対策を立てる人もいれば、「何が何でも真の原因を調べよう」と粘り抜く人もいる。

「『なぜ』を五回繰り返せ」

という言葉が示す通り、トヨタ流は原因の向こうにある真因を見つけようと根気よくアプローチを続けることに一つの特徴がある。しかしそのために、原因を探す人間は大変な忍耐を強いられることもある。

トヨタマンＡさんがある部品メーカーで、かんばん方式の導入のお手伝いをしていた時のことだ。かんばんの紛失が相次いで起こった。かんばんは部品の注文書の役割を果たすため、なければモノはつくれない。困ったAさんはかんばんを増発して対応した。だが、これはつくりすぎのムダにつながる恐れがある。

それを知った大野耐一氏は激怒して、Aさんに「なくなったかんばんを探してこい」と指示した。

Aさんはすぐに一時間ほど探し回った。しかし、見つからない。諦めて大野氏に報告すると、「一時間くらい探して『見つかりませんでした』とは何ごとか」とまたも怒鳴られた。再び探したが、それでも、見つからない。

大野氏から「なぜ見つからないかわかるか」と聞かれた。どう答えていいかわからない。黙っていると、大野氏はこう言った。

「なぜ見つからないか。そんなものは簡単だ。見つかるまで探していないだけだよ」

さすがにAさんも意地になり、探し回ってようやく見つけた。部品を入れたケースを重ねた時、かんばんが油によって上のケースの底にくっついていたのだ。紛失の真因に気づいたAさんは、改善によって二度と同じトラブルが起きないようにした。

なくなったからとかんばんを増発するのは単なる「処置」であり、同じトラブルを繰り返すこととなる。それに対して真因を発見すれば本当の改善につながる。とはいえ、真因に到達するためには「見つかるまで探す」という粘り強さが欠かせない。

自信が生まれる場所

トヨタマンBさんの場合は、やはり大野氏から「見つかるまで探せ」と言われて、真因を探し回った。その結果、不良個所の発見に三日かかったという経験を持っている。

Bさんが遭遇した不良は、「千三つ」（千回に三回）と言われるほどめったに発生しない例外的なケースだった。当時、その程度の不良は例外として扱うことが多かった。だが、先述のように大野氏は「千三つのほうこそ大切なんだ。千三つをなくすよう不良発生の原因を退治しないとダメなんだ」と、いっさいの例外を認めようとしなかった。

めったに発生しない不良だけに、探すのも大変だ。あっちの現場、こっちの現場と歩いたが、見つからない。二日かかっても見つからず、諦めたBさんが大野氏に報告すると、答えはAさんの時と同じく、

「見つかるまで探していないだけだ。見つかるまで探せ」

だった。三日目になり、ようやく真因を発見したBさんは、改善の指示を出して役目を終えた。だが、この「見つかるまで探した」ことは、のちのBさんにとって貴重な経験となった。どんな問題に直面しても「見つかるまで探す」「できるまでやる」という逃げな

い姿勢と自信を植えつけてくれたという。

「撤退屋」になるな

何かを成し遂げようと思えば「できるまでやる」という粘り強さが欠かせない。青色発光ダイオードの開発者である中村修二氏が、次のように言っている。

「開発は、いかに小さなことであれ、新たな創造だ。そこには幾多の難関が待ち受けている。それらを逐一解決し、一つひとつ突破していってこそ、初めて新しい製品の開発ができる。壁にぶち当たったからといって、そこから引き返していたのでは、いつまでたっても壁は突破できない」（『考える力、やり抜く力　私の方法』中村修二　三笠書房）

中村氏によると、新しい挑戦をしていると、「うまくいかないからやめたほうがいい」と忠告する撤退屋さんがあらわれるという。その言葉を真に受けては何もできずに終わってしまう。何かあるたびに都合のよい理由をつけて撤退するようになる。

本当にダメかどうかは、自分の目で確かめる。時間がかかってもいい。遠回りしてもいいからやり遂げる。下手でも、つぎはぎだらけでも構わない。完成品をとにかくつくり上げることが大切だ。

それを続けたからこそ、中村氏は青色発光ダイオードの開発に世界で初めて成功することができたという。

何かをやっていたら、途中で壁にぶつかるのは当然の話だ。「もう見つからない」「もうムリだ」と思う瞬間が何度となく訪れる。大切なのはその時に「もういいや」と思って諦めるか、「もう少し」と思って粘ることができるかどうかだ。

大野耐一氏は「見つかりません」と嘆く部下に、「見つかるまで探せ」と言うことで、粘り抜くこと、安易に妥協しないことの大切さを教えようとした。

トヨタ流の「『なぜ』を五回繰り返せ」の「五回」は「五回繰り返せばいい」という意味ではない。「見つかるまで繰り返せ」という意味だ。

時には五回以下のこともあるかもしれないし、五回繰り返したからといって見つからないかもしれない。だから「見つかるまで」何回でも繰り返す。そうすれば必ず真因にたどり着くことができる。

部下の泣きごとを素直に聞き入れるだけでは、上司は務まらない。時に「見つかるまで探せ」「できるまでやれ」と突き放すことも大切だ。その上で、どうしてもダメな時には、「一緒に探そう」「一緒にやろう」と声をかける。それが部下のやり抜く力を育てることになる。間違っても、安易な撤退を勧める撤退屋さんにだけはなってはならない。

「一生懸命」に説得されない
――「自分で自分を評価するな」

生産改革のお手伝いをしている時にしばしば耳にするのが、「俺たちは一生懸命やっている」という言葉だ。

トヨタ生産方式の導入は簡単なものではない。それまで大量生産方式によるモノづくりを行なっていた企業の社員であれば、それこそものの見方や考え方、行動の仕方までがらりと変えなければならないほどの変化を求められる。長年慣れ親しんだやり方を捨てるだけにどうしても反発がある。

「これまで手をこまねいていたわけではない。改革にも取り組んできた。一生懸命やってきたんだ。それなのに、なぜ今までのやり方を否定するようなことをしなければならないんだ」という気持ちが起きるのは当然の話だ。こうした「俺たちはがんばってきた」という思いは多くの人が持っている。

筆者は、こうした思いを否定するつもりは毛頭ない。

どんな企業、どんな人でも、過去にがんばってきたからこそ今がある。企業は、過去にいいモノをつくり、いいサービスを提供してきたからこそ今日がある。管理職の多くも、過去に実績を上げ、いい提案をしてきたからこそ今日の地位を手にすることができた。過去に関しては確かに「一生懸命やってきた」のだと思う。

問題は、なぜ今日の厳しい状況に追い込まれてしまったかだ。そこにはお客さまのニーズや時代の変化との微妙なズレがあるはずだ。だが、「俺は一生懸命やっている」と言い張る人の中には、そうしたズレを認めたくない心があるのではないだろうか。

「一生懸命やっている」という言い方に、「なぜあなたはわかってくれないのか。なぜ会社は評価してくれないのだろう。なぜお客さまは支持してくれないのだろう」という思いが見てとれるのだ。

トヨタ流の生産改革を拒んでいた企業で、こんなやりとりがあった。

「これまで生産改革にも取り組んできましたし、一生懸命にやってきました。今のままではダメだと言われても納得がいきません」

こう反発する社員に、筆者はこう答えた。

「がんばってきたのは認めるが、今のままでは中国には絶対に勝てない。原価を半分にするか、人を半分にするくらいの改革をしないと、国内でモノづくりを続けるのは難しい」

この厳しい現実は、多くの社員もわかっている。わかってはいるものの、納得がいかないのだ。「でも、自分たちはがんばっている」という感情と、「やってみようか」という意欲との間で揺れ動きながら、後者にみんなが傾き始め、やがて生産改革に本気で取り組むようになっていった。

改善を進める上で何がネックになるかといえば、「俺は一生懸命やっている」だ。これが強すぎると、「一生懸命やっているのだから今のままでいい」になり、問題点や改善すべき点が見えなくなってしまう。

自分のがんばりに自信を持つこと自体は決して悪いことではないのだ。しかし、自己満足に陥ってしまうと、向上する気持ちが急速に弱まってしまう。

敵は内なる慢心

伊藤忠商事会長の丹羽宇一郎氏は、先輩から「自分で自分を評価するな」と叱責された経験を持っている。こんなことを言っていた。

大学を卒業して伊藤忠商事に入社した丹羽氏は、伝票の整理やテレックス（加入電信）打ちといった仕事に「つまらない」と不満を覚えた。会社を辞めて、司法試験を受験するつもりになった。仕事はサッとすませ、上司から酒に誘われても断わって、勉強のために帰宅する生活を続けていた。

丹羽氏は、仕事はサッとやってはいるが、きちんとこなしているつもりだった。だが、ある日、先輩に呼び出されて、こう怒られた。

「お前は『自分はよくやっている』と思っているだろう。だが、そんなのは人の目から見たらまったく違う。自分で自分を評価するな」

それまでの人生にヒビが入ったような衝撃を受けた丹羽氏は「バカにされてたまるか」という反発心から、「一、二年はムダにしてもむちゃくちゃに仕事をやってやろうじゃないか」と思った。そして、それをきっかけに「変わった」という。

「たいていのサラリーマンは『俺はこんなにやっているのに』と不満を持ちます。百点の仕事をした時に、自分では百五十点の評価をつけます。

ですが、他人の評価は七、八十点くらいのものです。自分で自分を評価する人は、不満が高じて、ある段階で努力を投げ出してしまいがちです」（『人間発見　私の経営哲学』日本経済新聞社編　日経ビジネス人文庫）

自分で自分を評価して「俺は一生懸命やっている」と言う人は、自己満足で進歩を止めてしまうか、あるいは不満のあまり同じく進歩を止めてしまいがちだ。

トヨタ流は、自分で自分を評価しない。絶えずベンチマーキングをすることからもわかるように、常に他者（他社）の視点でものを見る。

張富士夫氏がこう言っている。

「敵は内なる慢心です。『打倒トヨタ』の発想を持ち、意識的に危機感を常に持ち続けることが必要だと考えています。トヨタの視点でものごとを見た場合、慎重なことしか発想できないが、他社の視点に立てば、トヨタの弱さが見え、より核心を突いた提案ができる。こうした心構えが必要です」

トヨタ流の強さの秘密は、絶えざるベンチマーキングにある。「世界に目を向ければいいモノ、安いモノはいくらでもある」と世界中の企業をベンチマークする。そして、「自分の弱さ」つまり、「何が負けているのか。何が問題か」を考え、改善を続ける。慢心や自己満足が入り込む余地はない。

上司が部下のがんばりを認めることは大切だ。同時に「がんばっている」部下が自己満足や慢心に陥らないように導くことも大切だ。他人の目で自分を見つめさせ、「何が問題か」を考えさせ、日々改善に取り組ませることが欠かせない。

緊急対応は最初から最後までやる
――「クレーム処理は一格上が顔を出せ」

成果主義の流行のせいか、手柄はできるだけ自分のものにして、面倒なことや厄介なことはできるだけ他人に押しつけたいと考える人が増えた気がする。そういう態度は、一般社員でも問題なのに、管理職や企業のトップの中にも増えているようだ。いい時には率先して前に出て、面倒が起きたり悪いことが起きたりすると、とたんにうしろに引いてしまうようで、上司の役が果たせるだろうか。

そうした風潮の中、二〇〇三年末、トヨタ自動車社員による一級小型自動車整備士技能検定試験の問題漏洩《ろうえい》事件が発覚した直後の社長・張富士夫氏（現副会長）の行動は、多くの人を驚かせた。

張氏は事件が発覚すると、ただちに担当役員らを率いて監督官庁である国土交通省に出向き、謝罪のための会見を開いた。それとともに、社長の減給と受験者全員の合格辞退を発表している。その姿を見て「なぜあんなに素早く謝罪したのか。なぜあれほど深々と頭を下げる必要があるのか」と不思議に思った人もいたようだ。

確かにこうした事件の場合、最初に会見に臨むのは総務や広報の責任者である。社長が謝罪するのは、事件の全容が明らかになってから、というのが一般的だ。

より大きな事件の場合でも、社長の中にはなかなかマスコミの前に姿を見せず、部下に後始末を任せたまま身を潜めるケースも少なくない。社長の自己保身か、それとも「社長に累が及ばないように」という下の配慮かはわからない。しかし、世の中にはトップが出て行かなければ解決しない問題もある。

異例ともいえる素早い対応をした理由をうかがわせる張氏の言葉が、雑誌『プレジデント』に載っていた。

「これだけの組織の会社だから、いつ、どこで、何が起こるかわかりません。前向きで喜ばしいできごとはできるだけ他の人に任せるようにしています。今回のようなうしろ向きの不測の事態が起こった場合、僕のほうから率先して問題の解決に立ち向かうように努めています」

言葉通り張氏は、たとえば過去最高の決算発表といった晴れ舞台も自分は顔を出さず、担当役員に任せることがよくある。そういえば二〇〇五年に「四期連続の最高益更新」という見通しを発表したのも社長の渡辺捷昭氏ではなく、副社長の木下光男氏だった。

これもトヨタ流である。それは、身振り手振りで好業績をアピールする日産自動車ＣＥＯ（最高経営責任者）のカルロス・ゴーン氏とは実に対照的だ。

人間は、誰しも晴れやかな舞台に立ちたいと思い、いやなことや面倒なことからはできるだけ遠ざかっていたいと考えるものだ。だが、上の人間が「手柄は自分に、責任は部下に」では、下の人間はたまったものではない。

順調な案件は部下に

上司のあり方について、リコー最高顧問の浜田広氏が、こんなことを書いている。

「『いやな仕事こそ管理職の務め、逃げるな』と私は言っている。ところが、これが逆な上司もままいる。明らかに上司がやるべき仕事なのに、『お前、行ってこい』とか『お前がやれ』と言って、いやな仕事を部下にやらせる上司が結構いる。部下が『あっ、課長、かわいそうだなあ、どうするかな』と思っていると、その部下に仕事を振ってしまうのだ。誰しも自己愛があるから、大いにあり得ることだ」（『浜田広が語る「随所に主となる」人間経営学』浜田広　講談社）

そのためリコーには一つの原則があるという。

「クレーム処理は一格上が顔を出せ」だ。

面倒なクレーム、厄介なクレームの時には、通常は係長が行くところを課長が行く。課長が行くところは部長が顔を出すのである。

そうすることでクレーム処理がスムーズに進む面もあるが、同時に、上に立つ者が率先してクレームの現場に顔を出すことで、全社的にお客さまの不満に耳を傾ける風土が醸成されることが大きい。部下の報告を待つのではなく、みずから現場へ足を運び話を聞くことで部下が気づかなかったことに気づく面もあるという。

「いい話、順調な案件はすべて部下に任せてしまえばいい。部長でも本部長でも常務・専務でも手に負えない厄介なこじれ話こそ、社長の出番である」

というのが、トヨタの張氏と同様に、社長時代の浜田氏のモットーだった。

悪い時こそ上司の出番

整備士技能検定試験の合格辞退を発表したあと、張氏は三千二百九十一名の受験者全員にお詫びの手紙を出している。「何とお詫びをしてよいか言葉もございません」と謝意をあらわし、「ご努力を無にしてしまいました」と受験者の無念を受け止めている。さらに「かけがえのない宝のような人財である皆様の信頼を再び取り戻したい」として、「本来であればお目にかかって直接お話を申し上げるべきでございますが」とみずからの無念さを綴っている。

「何もそこまで」と言う人もいるだろうが、

「自分が育てられた恩を、若い社員を育てることで返したい」

と日頃から口にする張氏だけに、若い社員のせっかくの努力を無にしてしまったことへの無念さは人一倍だったのではないだろうか。

トヨタ流に「機械に人間の知恵をつける」という言い方がある。

通常の自動機械は自動でモノをつくるだけだが、トヨタ流の「自働化」は豊田佐吉氏の時代から、たとえば不良が出たり異常があった時には機械が自動的に止まることで不良をつくることを防ぐ機能を盛り込んでいる。つまり、機械が順調に動いている時には人間はそばについている必要がなく、機械に任せておけばいい。人間の出番は機械が異常を起こして止まった時だ。その際、真因を追求して二度と同じトラブルが起きないように改善するのが人間であり、それを「仕事」と呼ぶ。

いい時は放っておいて、悪い時に率先して駆けつけて改善をする。これがトヨタ流の基本であり、これこそが「上司の仕事」でもある。

この道はトヨタ流に通じる！ 4

キヤノンは、セル生産に移行することで、つくる力を高めた会社だ。セル生産への移行過程で社長の御手洗冨士夫氏が実感したのは、人間の能力の可能性だった。

「人間の能力には限界がないことをつくづく実感しました。セル方式で熟練していくと、最後は一人ですべての部品を組み立てることも可能になります。しかも、人数の少ないほうが生産性が高いのです。一人で作業したほうが、速くたくさんつくれる。この事実は、人間の能力は限りなく向上することを証明しています」（『御手洗冨士夫のキヤノン流現場主義』御手洗冨士夫　東洋経済新報社）

ベルトコンベヤーでは七十人で行なう作業を、熟練工は一人で一発でやる。その姿は、見ていて感動さえ覚えるほどだという。

＊

セブン＆アイ・ホールディングス会長の鈴木敏文氏が、こんな話を披露していた。

「イトーヨーカ堂のバイヤーを中国に買いつけに行かせました。その際、商社を使わないこと、仕入品が売れなくても責任は私が負うと明言しました。商社が案内しないようなところを回った結果、商社の『中国では注文、生産から日本での販売まで半年以上かかる』は嘘だったとわかりました。実際には生地から製品化まで一か月半。日本でもできなかったことが、中国ではできるのです。価格は半値。この実例は、過去の経験がいかに今の時代にそぐわなくなっているかを物語っています」（『商売の創造』鈴木敏文　講談社）

過去の経験を否定しながら挑戦することだ。自分の経験や仕事術の中にも、聞いたことと実態との乖離《かいり》が起きていないだろうか。

第五章

地道な作業に大局観を与えよ

――「成長力」を実務から引き出す

常識より現場を信じる
——「聞いただけで納得してはいけない」

トヨタ生産方式の導入を検討しているA社を訪ねた時のことだ。

業界で高いシェアを持ち、業績も悪くはない。だが、この何年かは中国製との競合が激しく、「このままでは日本での生産は難しくなるのでは」という強い危機感をトップは持っている。日本でのモノづくりを守るために、生産改革は急務なのだが、思うように改革を進めることができないでいた。

そこで、役員や社員と話をする前に、二時間ほどかけて工場や倉庫を見せてもらうことにした。気になる点や直すべき点がいくつも目についた。中でも最も気になったのは、在庫の多さだった。

完成品自体も納期より早くつくっており、「つくりすぎ」である。ただ、商品は全国に何箇所かある倉庫に運ばれるため、工場にはそれほど多くの商品在庫はない。問題は材料や段ボールなどが大量にあることだ。明らかに必要数以上である。

トヨタ生産方式の基本は「必要なモノを、必要な時、必要なだけ」つくることだ。つくりすぎはもちろんのこと、部品や材料の在庫に関しても多めに持つことをよしとしない。

もちろん業界にはそれぞれの事情があり、何をもって適正在庫と言うかは違いがある。だが、A社の場合は、一日当たりの生産量から見て、かなりの持ちすぎであることがはっきりしていた。

「なぜこれほどたくさんの在庫があるのですか」

「決して多くはないんですよ。たとえば糸の染めには最低でも三週間かかります。段ボールも一か月前の発注が原則です。ですから、生産量に比べて多く感じられるかもしれませんが、私たちの業界ではこれは平均的と言っていいと思います」

よく聞く返事だ。

事務用品をつくっているB社を訪ねた時もそうだった。やはり段ボールなどが大量に積まれており、理由を聞くとA社と同様に「ずいぶんと先のものまで注文しないと納品が間に合わない」と言っていた。

業界には特有の商慣習やルールがあり、それが生産改革の足を引っ張るというのはよくある。問題はそれを「仕方のないことだ」と感じるかだ。「何とかならないか」と知恵を絞るかどうかである。

「なぜだ」で部下を励ます

トヨタ流は「耳で聞いただけで納得してはいけない」だ。成功にしろ失敗しろ、自分の目で確かめる。机上で議論するのではなく、現場の実物を見て、実態を確認しながら仕事を進めていく。

だからA社で「染めに三週間かかります。段ボールの発注は一か月前が原則です」と聞かされた時、筆者は即座に「見てきたのか」と尋ねた。

たとえば染めに三週間かかるとする。A社は長年その常識で仕事をしてきた。しかし、「なぜ三週間かかるのか」「本当に三週間必要なのか」を、自分で現地に足を運び、自分の目で確認してきたのだろうか。

聞くと、そういう人はほとんどいなかった。

だとすれば、本当かどうかを見に行く必要がある。その上で「何とか短縮できないか」を、一緒になって知恵を絞ればいい。生産改革を進めるためには、こうやって問題を一つずつクリアーしていく必要がある。

事務用品をつくっているB社を例に取れば、何年もの間、段ボールの何か月も前の発注を続けていた。だが、Ｂ社が「何とかしなければ」と思い、業者のもとを尋ねて発注時期についてあれこれ聞いたところ、最近ではやり方次第で数日間での納品が可能だという。Ｂ社トップは「なぜ教えてくれなかったのか」という気になったが、業者は「納期短縮の話がなかったから」とあっさりしたものだった。

「私は何十年もこの業界でやってきて、誰よりも業界のことは知っているつもりでしたが、その間に業界の中でもいろんな変化が起きていたんですね。行って話を聞くまではそんなことにも気づきませんでした」がＢ社トップの反省の弁だった。

トヨタ流上司の口癖の一つは「現場は見たのか」だ。

現場を見ないで、人の話だけ聞き、報告書だけ読んで上司に報告すると、「見たのか」と聞かれる。必死で答えると、「なぜだ」が来る。「業者がそう言っています。そう聞かされました」では通用しない。

仕事は常に「本当か」「なぜだ」という疑問を持ちながら、自分の足と自分の目で確認をすることだ。上司も、間違っても部下の疑問や挑戦に「俺の経験では」を振りかざしてはならない。変化の激しい時代、過去の経験や過去の常識はあっという間に通用しなくなる。「見たのか」「なぜだ」によって、部下の改革や挑戦をあと押しすることこそ、上司の役割といえる。

データを使うがデータに頼らない
──「現場は見たのか」

張富士夫氏がトヨタ自動車の社長に就任したのは、一九九九年のことだ。就任してから二年あまり、世界の主な市場を直接見て歩いた。その中で印象に残っているものの一つが南米のブラジルだ。雑誌『財界』（財界研究所）のインタビューに答え、こんな話をしていた。

「世界の主な市場へ直接行って見てきましたけれども、たとえばブラジルのサンパウロの街角に小一時間立っていても、ほとんどトヨタ車なんか通らない。いい加減いやになってしまいます。シェアは一パーセントなんです。一パーセントなら百台に一台ぐらい来るかと思っても、見過ごしているのかもしれないけれど、ホント、来ないんですよ」

南米はアメリカのメーカーに加えて、ヨーロッパのメーカーも強いところだ。ブラジルは一九五八年、トヨタが最初に海外生産工場のTDB（トヨタ・ド・ブラジル）をつくった場所ではあるが、販売台数面では苦戦を強いられている。トヨタの社長がそんな「シェアー一パーセント」という国にまで足を運び、なおかつ一時間も街角に立って走る車を見ていたというのには驚かされる。同時に「現地現物」を何より大切にする張氏らしい行動だなとも思う。

張氏は、大野耐一氏のもとで徹底的に「現地現物」の大切さを仕込まれた一人だ。「人から聞いただけの話を、自分で現地現物を確認せずに大野氏に報告しても、即座にバレてしまう」と話していたし、雑誌などでもそう言っていた。

現場に精通した大野氏には、部下の報告が、現場を見てのものか、見ていないものなのかが簡単にわかってしまう。「それで、現場は見たのか」と部下を追求する。部下が「実は、見ていないのですが」と答えると、大変な雷が落ちる。一度でもそういう経験をした部下は、もう、現地現物を確認せずに報告することなど、怖くてできなくなる。自分が本当に理解をしてから報告するようになる。

そうして育った部下は、上がってくる報告が現地現物に基づくものなのか、そうでないかを見抜ける監督管理者になっていく。上司としての「見る目」が、こうして伝承されていくわけである。

実際、大野氏は各工場から上がってくるデータをひと目見ただけで、「これは何だ」と言って現場へ行くことがたびたびあった。大野氏は日頃から工場を実によく見ていた。だから「自分が見たのに、こんなに結果がいいはずがない」というようなことがすぐにわかるのだ。

「おかしい」と思って大野氏が工場へ行くと、たいていは何か問題が見つかる。たとえば本来ラインの外で監督、改善をすべき班長や組長がラインの中に入って仕事をしている。その分データはよくなる。だが、それは班長や組長が本来やるべき仕事、つまり最も大切な人づくりや改善を怠っているということを意味する。

大野氏にはデータのごまかしは通用しない。現地現物を徹底し、現場を知り抜いている。底の浅い報告やデータのごまかし、伝聞によるあやふやな報告をたちどころに見抜く。

張氏も大野氏のもとで徹底的に鍛え抜かれたから、現地現物を徹底している。だから、部下の報告に、「おかしいんじゃないか」と疑問をはさむことができる。トヨタ流の現地現物は、こうして先輩から後輩へ受け継がれ、鍛えられていく。

勘はなぜ鈍るか

トヨタ生産方式を実践しているA社で、工場での事故が多発したことがある。人命にかかわる大事故は幸い起きなかったものの、事故件数は業界平均と比べてもかなり多いほうだった。

当時、工場の責任者を務めていたBさんのもとには、事故が起きると課長から報告書が上がる仕組みになっていた。報告書には「なぜ事故が起きたのか」という事故原因とともに、今後二度と事故を起こさないためにどうするかという対策がまとめられていた。報告書にBさんが目を通し、最終的には本社に送る。それがA社のやり方だった。

最初はBさんもそのやり方を踏襲していたが、着任から何か月たってもいっこうに事故が減る気配がなかった。報告書では十分な対策をとっているはずなのに、事故が減らないのはおかしい。

疑問を持ったBさんは、事故の一報が入ると同時に現場へと駆けつけた。すると事故現場には係長しかいない。係長がすべての対応を行なっている。それも事故で止まったラインを早急に復旧させるための応急処置にすぎない。「なぜ事故が起きたのか」といった真因追求や改善はまったく行なわれていなかった。

さらに事故現場を見て回ったBさんは驚いた。

整理と整頓は行き届かず、モノは置きっ放しだ。配線も混線状態にあり、「これでは事故が起きても仕方がない」どころか、「よくこれまで大事故が起きなかったな」と幸運に感謝したくなる状況だった。

翌日、いつものように報告書を届けに来た課長に「君は現場は見たのか」と聞くと、あいまいな返事しか返ってこない。Bさんは「これでは事故は永久になくならない」と感じて改革に乗り出した。

事故の一報が入ったら、まず課長自身が現場に行く。そしてラインを止め、「なぜ」を五回繰り返して真因を追求する。その上で二度と同じ事故が起きないように改善を施す。作業環境の改善も行ない、整理と整頓の行き届いた職場をつくる。報告書の体裁やスピードを競うよりも、事故の起きない現場づくりを優先させることにした。

その結果、A社の事故は急速に減り、不可能と思われた「ゼロ災」も月によっては実現できるようになった。

ある企業の経営者が「現場を日頃からしっかり見ておかないと、勘が鈍る。書類やデータだけで判断すると大失敗することになります」と現地現物の大切さを指摘していた。上司は日頃から現場に関心を持ち、部下の報告に対しても「現場は見たのか」を繰り返すことが大切だ。

トヨタ流は机上の議論を嫌い、現場の実物を見て、実態を確認しながら仕事を進めていく。そのためには上司自身が現地現物の達人であることが必要だ。

「わかっていること」こそ疑おう
――「仕事は全部デザインして整理して見直す」

A社工場のある職場で、数か月おきに怪我が何件も起き、おまけに品質不良まで出た。なぜそんなことが起きるのかと調べた。すると、そこでは設備が古い上、「このラインは間もなくなくなるから」と言われて、何年も前から設備にお金をまったくかけていなかった。ライン停止などの異常が起きても、応急処置をするだけで生産を続けていた。

この職場には「異常処置者」がいた。異常があると、この人たちが駆けつけてササッと処置をする。そのため、異常が起きてもほとんどラインが止まることなく動き、生産を続けていた。

何年もこの状態が続いている。働いている人は、みんなこれが当たり前だと思っている。ラインがほとんど止まらないため、異常が起きても誰もわからない。現場は、床にモノが転がっているし、安全金網の上にモノがある。「これは冗談ではないぞ」というほどひどい状態である。だが、働いている人にとっては日常の光景であり、みんなが何も感じずに仕事をしている。

「きく」には三種類ある

A社トップは、頻発《ひんぱつ》する事故に「これではいかん」と思い、元トヨタマンのBさんに職場の改善を依頼した。

Bさんは職場を改善するためには、きちんとお金をかけ、人もそろえて本気で取り組む姿勢を示すことが不可欠だと考えた。だが、それ以上に、工場でマネジメントを担当する人たちが、自分たちの職場をまったく「視切《みき》れていない」ことが気になった。その職場が初めてという場合はともかく、管理職の多くは職場で長くやってきた人たちだ。たいていの人は「職場のことは全部知っている」つもりのようだが、本当の意味で全部知っているかというと、はなはだ怪しいものがある。

トヨタ流の「全部知っている」は、

「自分の職場で起こっていることや、やっていることすべてについて、『何のためにやるのか』『やり方はどうするのか』を全部デザインして、自分の知らないことがないようにした上で、これを整理して見直しをしている」

ということを意味する。

職場に長くいれば、何となくすべてをわかっているつもりになりがちだ。しかし、やるべきこととやらなくていいことを見きわめ、改善できるかというと、案外と難しい。A社工場の管理職は、現状に慣れてしまい、「視切る」からはほど遠い状態にあった。これでは怪我や事故をなくすのは難しい。

Bさんは職場を視切るためには、「きく」ことが大切だと考えている。「きく」には三つの種類がある。受動的に耳に入ってくる「聞く」。自分の意思でしっかりと「聴《き》く」。相手から積極的に引き出す「訊《き》く」。この「訊く」で臨まないと、職場の問題をしっかりとつかむのは難しいことを管理職に教えた。

A社工場では異常が当たり前になっている。「何か問題はありませんか」と聞いても、誰からも問題は出てこなかった。改善にお金をかけ、他部署から人を派遣して「会社は本気で改善に乗り出す」ということを態度で示した。すると、社員も「今度ばかりは本気だな」と信用したのか、六百件もの問題が出てきた。

その問題を一つひとつ潰した上で、「ほかにありませんか」と聴くと、「実はこういうこともあります」と、さらに四百件の問題が上がってきた。漫然と「聞く」だけだとなかなか出てこなかった問題が、会社の本気を示し、「改善するからどんどん教えてほしい」と積極的に「聴く」ことで、考えられないほどの問題が浮かび上がってきた。

これにより職場は格段に改善されたのだが、Bさんはまだ不十分だと考えた。たとえば、「異常処置はありますか」「頻発停止はありますか」と聴くだけで、六百件、四百件は出てくるのだ。さらに「床に部品を置いたことはありませんか」「このハンマーは何に使うんですか」というふうに具体的に「訊く」ことをしてみた。すると「あっ、そう言われれば……」とボコボコ出てくる。

これ一つ取っても、上司は自分の職場がいかに「視切れていない」かがよくわかる。本人としては十分に「きいた」つもりが、「聞く」や「聴く」のレベルで止まっている。だから、職場の問題をきちんと洗い出せない。

「管理職の皆さんは、職場を見る時には、自分の目とともに、このように具体的に訊いて、自分がききたいことを引き出せるように工夫してもらいたい」というのがBさんがA社管理職に最も伝えたいことだった。

「観る」「訊く」が大切

仕事は自分の目で見て、自分の耳で聞いて、自分の頭で考え、自分の責任で行なうものだ。耳の「きく」に「聞く」「聴く」「訊く」の三つがあるように、目の「みる」にも三つがある。「見る」と「視る」と「観る」である。ホンダ技研工業創業者の本田宗一郎氏は「見学の見と、観察の観は違う。モノを見るには観察の観でなければならない」と言っていた。確かに、何かを見る場合にも、見学気分で漫然と眺めていても「どこに問題があるのか」「どうすればいいのか」は決してわからない。じっくり観察をする。「観て」初めてものごとの本質をつかむことができる、というのが本田氏の言いたいことだった。

大野耐一氏も、しばしば若い社員に「円の中に立って見ていろ」と命じることがあった。問題が起きたラインの側に立ち、同じ問題が起きる瞬間をとらえるためだった。ほかにも目的はさまざまだったが、要するに、じっくり腰を落ち着けて「わかるまで」観察することの大切さを教えようとしていた。

仕事は受け身で漫然と「見て」いたり、「聞い」ていたりするだけではものにならない。しっかりとした問題意識を持って、主体的に「観る」ことや、主体的に「訊く」ことで問題の本質をつかむことができ、改善策も見えてくる。

上司は部下の「見てきました」「話を聞いてきました」という報告に対し、それが受け身の「見る」「聞く」なのか、主体的な「観る」「訊く」なのかを見きわめる。同じ「みる」にも「きく」にもそれぞれ三つがあり、仕事にはどういう姿勢で臨むべきかをしっかりと教えることが必要だ。

「変えてはいけないこと」を教える

――「人間無視の考え方は非常にいけない」

ある外食産業のトップであるAさんが、こんな話をしていた。

「来客数を減らすためにはこうすればいいということを、すべてやってしまった」

Aさんの会社は、客数減と売上ダウンにより、非常に厳しい経営状態に追い込まれたことがある。当時、Aさんは管理職の一人だった。順調に成長を続けてきた会社の売上が頭打ち傾向になり、利益の確保を考えた幹部が打ち出したのは、大幅なコスト削減策だった。対象は広範囲に及んだ。料理の材料までが対象になった。

材料を見直すこと自体は悪いことではない。だが、度がすぎた。米《こめ》は日本で最も安いものに変えた。肉なども質を大幅に落とした。当時は味に問題があった冷凍ものを多用するようになった。

それでも味を守る工夫があればまだよかった。だが、コスト削減の度がすぎたため、味が急激に落ちてしまった。そこに、利益確保を狙って、若干だが価格も引き上げた。味が落ちて、なおかつ価格は上げる。まさにAさんが言うところの「やってはならないことをすべてやった」のだ。

影響は徐々に出始めて、Aさんの会社の経営は危機的状況に追い込まれることとなった。現場で働くAさんにとって、明らかに質の低下した料理を提供するのは何とも辛かった。客数が減っていくのを見ながら、「味を犠牲にするのは間違っている」と痛感した。

やがてAさんはトップに就任、同社の再建を担うこととなったが、今でも当時の苦しさを忘れることはないという。

企業にとって、競争を勝ち抜くために、絶えざる原価低減は不可欠だ。そのためには、材料を見直し、つくり方を工夫し、日々改善に励むことが必要である。

ただ、原価低減を優先するあまり、最も大切なものを犠牲にするようなことがあってはならない。

外食産業であれば、味を犠牲にしてはお客さまの支持は得られない。「安かろう、まずかろう」が成立する時代ではない。企業としての原価低減のために、お客さまの必要性や満足まで変えてはならない。コスト削減は、「何を対象にし、何を対象としてはいけないか」という明確な基準を会社が持っていないと、とんでもない間違いを犯すことになる。

守るべきものは断固守る

トヨタ生産方式の導入を決めた建設会社B社は、地方に確固たる地盤を築き、堅実な経営を続けてきた。それでも激しい価格競争の中で、「もっと安く」「もっと工期短縮を」という課題の達成を迫られていた。

B社は受注した仕事をそのまま下請けに流すことが多かった。こうした中で、安さや工期短縮のみを追いかけると、手抜き工事につながりかねない。そういう危機感をトップが持ち、トヨタ生産方式導入を決めたのだ。

B社が試みたのは、数ある現場の一つをモデルに選ぶ方法だった。モデルは下請けに任せず、すべてをB社社員自身の手でやる。他人任せでは「何が問題で、何を改善すればよいのか」が見えてこないからだ。

B社にとっては初経験だった。工事の進め方や人の動かし方、材料の発注や加工の仕方など一つひとつ問題点を探し、改善を加えていった。その結果、当初予定より工期を大幅に短縮することに成功した。

建築の世界では、工期が長くかかれば、その分だけ人も必要になり、人の数だけコストが増えていく。それだけに、工期の短縮はコスト削減も可能にするものだった。

コスト削減というと、どうしても下請けへの発注価格を下げたり、材料の質を落としたりすることになりがちだ。だが、実際にはB社の現場には無数のムダがあり、ムダを改善することでコスト削減できる要素はいくらでもあった。

B社はこの経験を標準化し、他の現場へと横展を始めている。経験に、それぞれの現場の知恵がつくことで、難しいと諦めていた「よりよいものを、より早く、より安く」が現実のものとなり始めている。

大野耐一氏は、ロボットの導入がブームとなっていた時代、原価を無視した安易なロボット導入は厳しく戒めていた。だが、原価を犠牲にしても使う場合もあると、次のように言っていた。

「ロボット化の一番のニーズは、原価（低減）ということ。その次に、危険な仕事に対しては、原価をある程度犠牲にしても、人間尊重という意味で使う場合もあり得る。危険な仕事、いやな仕事でも、ロボットでやれんことは、人間がやらなければしょうがない。けれども『原価が上がるから、危険でも人間にやらせる』という人間無視の考え方は、非常にいけない」

コスト削減は重要だが、その際にも変えていいものと変えてはいけないものをしっかりと見きわめ、守るべきものは断固守る姿勢が上司には大切になる。

思いつきでものを言わない

――「問題があればすぐに代案を考える」

ある町の行財政改革を担当しているAさんの口癖は「みんな代案もなしに反対ばかりする。だからいつまでも何も決まらず、困っています」だ。

地方の自治体の状況は似たり寄ったりだ。地方交付税は減る一方なのに、やるべき仕事やそれに伴う負担は増える。東京や名古屋と違い、地方の景気は相変わらずだ。税収の伸びは期待できない。

生き残りをかけてAさんは行財政改革のプランをつくり、職員や議会に提示するのだが、いっこうに賛同が得られない。プランの多くが、自分たち自身の痛みを伴うからだ。

Aさん自身も町で生まれ育った人間だけに、反対する人間の気持ちがわからないわけではない。それでも財政事情を考えれば、「これをやるしかない」というものばかりだ。

反対なら反対で仕方がないとしよう。困るのは、反対する人たちに代案がないことだ。

「なぜ反対なのですか」「それならどうすればいいのですか」と聞いても、代案がまるで出てこない。「それを考えるのがお前の役目だろう」の一点張りだ。「反対のための反対」とまでは言わないが、代案のない反対意見ばかりを述べられても、ものごとは前に進まない。最も必要な建設的意見が出ないまま、強い反対意見に押されて、行財政改革が頓挫しそうで、Aさんは心配でたまらない。

企業にも、代案なしの反対をする人がたくさんいる。そんな上司を持ったらたまったものではない。

かつて豊田英二氏は、一人の役員をこう言ってたしなめた。

初代クラウンを開発した「大主査」の異名を持つ中村健也氏が、ある日、役員食堂で役員の一人と議論していた。熱中するあまりお互い感情的になり、怒鳴り合いになってしまった。そこに英二氏が来て、役員にこう言った。

「あのね、中村は三か月も前からそのことについて考えているんだ。だから、君が思いつきで言ってはダメだよ。中村にやってもらわないと会社が困る。頼むしかないだろう」

みごとな言い方だった。

職位の上下に関係なく部下の仕事を認め、役員を叱る。その一方で「議論に勝ったところで、会社が求めている仕事が終わるわけではない。しっかり頼むよ」と議論に熱中していた中村氏もしっかりとたしなめ、仕事への意欲を引き出すことに成功している（『豊田英二語録』豊田英二研究会編　小学館文庫）。

上司によっては、部下の意見や提案に対し、単なる思いつきや感情だけで反対をして、代案さえ示そうとしない人がいる。いわば権限をかさにきた上司である。言うまでもなく、これでは部下は上司を信頼しない。

豊田英二氏は、思いつきでものを言うとか、自説をムリに押し通すということはなく、部下と納得いくまで議論をして結論を出す人だった。

その上でお互いの意見が近づいた頃、「そうか、わかった。そこまで考えてくれたのか。よし、その案でいこう」と言ったという。

そう言われれば部下は自信を持つし、やる気にもなる。

そういう言い方ができたのは、英二氏自身が確固たる意見を持つ一方で、部下の提案をしっかり受け止める度量があったからといえる。意見を持たない上司にはできないことだ。

「評論家」になるな

「何ごともそうだが、具体的な対策なしに、たとえば『ムダを省ける』とか、『あなたのところは倍も人がいる』と言っても、相手は信用してくれない」

これは大野耐一氏の言葉だ。

たとえば工場を見に行って「ここに問題がある」「あそこにムダがある」とムダや問題点を指摘すること自体は、それほど難しいことではない。難しいのは「では、どうすれば問題が解決し、ムダが省けるか」という改善策を考えることだ。それを実行に移すことだ。ここに大きな違いがある。

トヨタ流は「問題があればすぐに代案を考える」である。

問題を指摘するだけで代案を考えない人は「社内評論家」とか、治療士ではない「診断士」にすぎない。現実の仕事を前進させることはできない。

トヨタ生産方式を長年実践している企業のトップBさんは、めったに部下を叱ったりはしない。ただ一つ許せないのが「思いつきで反対し、代案を考えようともしない管理職」だという。当事者意識がないから無責任な発言が平気でできるのだ。そんな管理職には部下を指導する資格などないというのがBさんの考えだ。

問題があればすぐに代案を考える。提案に反対する時も、単なる反対の意思表示ではなく、必ず代案を示して議論する。代案があって初めて議論は建設的なものになるし、よりよい方向性が見えてくる。上司は部下に対していつでも代案が示せるだけの準備をしておくことが必要だ。

プロセスを評価してやれ

――「品質は工程でつくり込む」

「部下から相談されたら必ず手を止めて聞け。ムリなら、いつ話を聞くのかを、その場で決めろ」

トヨタ流では、初めて部下を持った時には、先輩からこう言われる。それほど部下とのコミュニケーションを大事にする。「部下を育てること」「部下の知恵を引き出すこと」の大切さをみんなが認識しているからだ。

その「部下を育てる」に当たっては、「部下を評価する」必要がある。この評価が実に難しい。

難しさの一つに、「汗の量」につい目がいってしまう点がある。

大野耐一氏が、このように書いている。

「仕事の成果をどう判断するか。昔からの日本で言う監督者というのは、仕事への進み具合）を監督せんのだね。作業（の動き）ぶりを監督するのが多すぎる。監督者というのは仕事の進み具合を監督せにゃいかん。ところが、（多くの監督者は）作業者の動きっぷりを監督しておるんでね、こういうところは絶対改善してもらわにゃいかん」（『現場経営』大野耐一　日本能率協会マネジメントセンター）

たとえば大野氏が工場を見に行くと、やたら忙しいふりを始める人がいる。本人なりに、「ぼやーっとしていると『たるんでいるからダメだ』と言われるかもしれない」と思うのだろう。機械にやたらと油をさしてみたり、テーブルの上をボロ布で拭いてみたりする。そんな風景にあちこちでぶつかったという。あるいは事務所を訪ねると、急に電話に手を伸ばして商談でもしているふりをする人がいる。

その点、外国の工場の場合は、副社長クラスに連れられて工場視察に出かけても、そういうことはない。手をあげて愛想を振りまく人、平然とタバコを吸っている人までいるほどだ。

こうした光景を比較して、大野氏は「真っ黒になって汗をかくことで、一つは自分自身を慰める気持ちがあるんじゃないか。もう一つは、汗かくことで自分の存在意義を『上司もわかってくれるんじゃないか』という気持ちが日本人の中にはあるんじゃないか」と思ったという。

いずれもずいぶん昔の話ではある。だが、確かに日本人は、「汗をかいてがんばる」とか、「残業もいとわず土日も休まず働き抜く」という人を、ついつい、成果以上に高く評価するところが今もある。

そうしたがんばりを全否定するつもりはない。だが、がんばりだけでは仕事は前に進まない。

トヨタ流には、こういう言い方がある。

「能率とは工程の進み方が大切であって、汗を多くかくことではない」

「汗をかき、長時間がんばる」よりも、いかにして「汗をかかず、時間をかけず、なおかつムダにがんばらなくてもいい」ように工夫をすることのほうが大切だ。

「がんばるのではなく、がんばらなくてもいいようにする」のが改善である。

汗の量に惑わされることなく、工程の進み具合、仕事の進み具合をきちんと監督管理できるかどうかが上司には求められる。

プロセス管理の要諦

汗の量に惑わされてはいけないのと同様に、上司は成果だけに目を奪われてもいけない。

トヨタ流も「成果主義」を取り入れてはいる。だが、「結果」や「数値目標」だけに着眼点を置くのではなく、その成果を上げるために、どのようなプロセスを踏んでいるかを何より重視する。

成果主義を極端なまでに徹底した企業が何社もあった。その企業が陥ったのは、目標達成率を重視するあまり、社員が達成しやすい目標を掲げ、長期目標という視点を忘れたり、高い目標を掲げて挑戦する意欲をなくすという事態だ。

だから、トヨタ流の上司は「結果」だけに目を奪われるのではなく、結果へと至る過程に注目するのだ。

トヨタを離れ、ハウスメーカーA社の社長に就任したBさんの役目は、万年赤字をいかに改善するかだった。

A社社員の営業のやり方を見てBさんは驚いた。家を買ってくれるお客さまに出会うまでひたすら飛び込みを繰り返す。電話をかけ、訪問し、見込み客をつかまえることに必死になっていた。これではあまりにも効率が悪すぎる。何より営業マン個々の力量に左右されすぎる。

社員の中には天才的な営業マンもいて、その人間は成果を上げるのだ。だが、成果の上がらない普通の人間は、やる気をなくし、会社を辞めてしまう。そのため毎月のように人を採用するのだが、残るのは一部だ。これでは「人づくり」も何もあったものではない。

長く販売を経験してきたBさんは、トヨタ流のプロセス管理を導入した。

まず、成約に至った事例を詳細に調べて、「いつどこでどのようなアプローチをしたのか。どのような話の進め方をしたのか」を標準化する。こうして、入ったばかりの営業マンでもある程度の成果が上がるようにした。

さらに、A社最大の欠点である「紹介の少なさ」の理由を分析してみた。家を建てる過程でのコミュニケーションの悪さが購入者の満足度を下げているようだ。家のような高額商品で紹介が少ないのは致命傷だ。本来最大のファンであるはずの購入者が「A社で家を建てて失敗した」と思っているようではお話にならない。

そう考えたBさんは営業マン教育を強化するだけでなく、家の建て方にも改善を加え、お客さまが本当に満足する家をいかによく、早く、安く建てるかを工夫した。

その結果、A社の業績は着実に回復し、三年で赤字からの脱却に成功した。営業マンも天才的な人間はいないが、みんなが毎月確実に成果を上げられるようになり、課題だった人財育成にも目途が立つようになった。

偶然は成功とは言えない

社員の優秀さを「結果」や「数値」だけで測ると時に間違いを起こす。どんな成果を上げたかは確かに重要だが、それをいかにして達成したのか、そのやり方は一過性のものなのか、連続性のあるものなのかもしっかりと評価する。

トヨタ流に「品質は工程でつくり込む」という言い方がある。「プロセスがしっかりしていれば、その結果は偶然の産物ではなく、何度でもいい結果を出せる」という考え方である。

だからこそ、部下を育てるに当たり、プロセスをチェックする必要があるのだ。「君はどういう計画を立てたのか」「その計画はどこまで進んだのか」「進んでいないとすればどこに問題があるのか」と過程をのぞき込んで、相談に乗ったりアドバイスをする。たとえ最初は失敗をしても、途中で改善をしながらよい方向へ持っていく。こうしたプロセスを踏むことで人は能力を身につけ、何度でもいい結果が出せる人財へと育つ。

部下を育てるためには部下を正しく評価する目が大切だ。汗の量や無意味な長時間労働、一過性の成果、やさしすぎる目標達成に惑わされるのではなく、部下の仕事の進め方をしっかりと見きわめる。プロセスを管理すれば、必ず結果はついてくる。プロセスを踏むことで人は育ち、やがて上司を凌駕《りょうが》する人財へと育つ。

浜田広氏が、こんなことを言っていた。

リコーがCS（顧客満足）ナンバーワンを目ざす時にベンチマーキングしたのは、シャープだった。シャープに、なぜ同社の洗濯機はベストセラーでロングセラーなのかを尋ねたら、消費者から寄せられる一番の要望である「糸くず処理」にこだわったことだと言う。「手で取ればいいではないか」とも考えたが、毎日洗濯機を使っている主婦ならではの要望に応えたシャープに多くを教えられた。

リコーはどうか。複写機などの騒音が「糸くず」に当たる。これを「多少は我慢してもらう」と考えるか、「解決してみせる」と改良するかだ。結局は、小音化に加え、不快に感じない低音化をすることで、CSは非常に上がったという（『浜田広が語る「随所に主となる」人間経営学』浜田広　講談社）。

高シェア商品も、ちょっとのことにこだわって改良するのがビジネスである。

＊

鈴木敏文氏には、セブン－イレブン創業以来続けていることがある。全国から経営相談員を集め、自分の言葉で方針を話す会議を、毎週、開催することだ。

テレビ会議が当たり前になった時代、毎週一千人を超える社員を東京に集めるのは、時間面でもコスト面でも大変なはずだ。だが、鈴木氏は意に介さない。労働集約型の小売業にとって、人材教育は最も大切なことであり、過去にとらわれない改革の大切さを繰り返すことが最重要だと考えている。

「愚直に、同じことを何回でも、角度や言い方を変えて話す。年五十回、三十年続けても十分ではない」が鈴木氏の感想だ。

第六章

プロ意識の落とし穴を埋めよう

――「稼ぐ力」を発想から引き出す

「売値は最初から決まっている」発想をさせる

――「モノの値段はお客さまが決める」

商品の価格を決める方法は、二つある。

①原価＋利益＝価格

②価格―原価＝利益

二つは一見同じようだが、実はきわめて大きな違いがある。

①は、原価に利益を乗せて価格を決める。かつて、ほとんどの企業が取っていたやり方だ。かかった原価を計算し、お客さまが納得するかどうかは別にして、一定の利益を乗せて価格を決定する。

たとえば原油価格の上昇などがあれば、その分は価格に転嫁する。バブル経済の崩壊以降は、さすがにこうした安易な価格転嫁は難しくなったようだ。だが、それでも、かかった原価を価格決定の前提にする企業は多い。付加価値の高い商品には多くの利益を乗せ、市場価格が値崩れしてくれれば、原価割れ、赤字覚悟もやむを得ないというのがほとんどの企業の考え方だ。

②がトヨタ流である。「価格―原価＝利益」の計算式には、「モノの値段はお客さまが決める」という考え方が込められている。

張富士夫氏が、ある雑誌のインタビューでこう話していた。

「トヨタでは『売値は最初から決まっている。利益はその売値から原価を引いたものだ。だから、原価を下げなければ利益は出ない』ということを大前提として徹底させています。原価をどう下げるか、ムダをどう削るかがテーマになる。

そこで、どんなムダがあるのかを徹底的に考え、それぞれの製造現場で削っていく。その努力が積み重なって原価が下がり、利益が出る仕組みになっているわけです。原価プラス利益が売値になるという発想は、しません」

原価は計算するためにあるのではなく、下げるためにある。価格や数量は、つくり手が自分たちの都合で勝手に決めるものではなく、市場やお客さまが決めるものだ。モノづくりは、決められた数量をいかによく、早く、安くつくるかに尽きる。そのために知恵を出す。つくり手の都合ではなく、買い手の都合を最優先し、お客さまの満足を得るために改善を重ねる。

「改善はお客さまのためにある」とは、そういう意味だ。

「客のわがまま」を感じたら？

ある人が「お客さま都合の仕事は大変ですよ」と、コピーセンターの例をあげていた。その人の会社は複写機をつくっている。サービスの意味も込めて、会社の近くにコピーセンターを開設した。ある時、大量のコピーを依頼され、センターがフル稼働となった。その最中に、数枚のコピーを取るためにお客さまが来店した。大量のコピーの仕事が終わるまでにはまだ何十分もかかる。センターの人は、「ただ今混んでいますので、お時間がかかりますが」と当然のように伝えた。

が、その光景を見て、その人は「これでいいのかな」と考えたという。

「混んでいるから待ってくれというのは会社の都合です。確かに大量のコピーを行なっている最中に、数枚のコピーを取るために機械を一台止め、設定を変えるのは手間もかかるし面倒です。『お待ち下さい』とか、『今はこのような状態で……』などと言うほうが楽に決まっています。

ですが、お客さまの立場に立てばどうでしょうか。お客さま第一を唱えるなら、わざわざ来店していただいたお客さまのために、機械を止めてでもコピーを取ることが大切でしょう。あるいは、お預かりして、あとでコピーをしてお届けする、待っていただく場合は時間を無為に過ごさせない工夫をこらすことが必要になります。あくまでお客さま都合で考える。そうすることで初めて本当の知恵が生まれる気がします」

「お客さまの立場」というのは、何も特別なことではない。つくり手、売り手である人間も、会社を離れれば、一人の生活者として買い手、利用者となる。よいモノを、できるだけ安い価格で、自分が必要なタイミングで手にしたいと思う。また、さまざまな不具合に気づく。不便や不満を身をもって体験する。

こうした気持ちを忘れて仕事に入るから、お客さまの声が単なるわがままにしか聞こえなくなるのだ。こうした気持ちを仕事に活かすことができれば、仕事のいい知恵がいくらでも出てくる。

トヨタ流では「売値はお客さまが決める」と言う。つくり手の立場よりもお客さまの立場を優先する。

上司は、ついお客さまを忘れ、自分の都合で仕事をしがちな部下に、お客さまの視点を持ち続けることの大切さを教えることだ。自分がお客なら「買わないな」と思うような商品をつくったり、自分でも内心「高いな」と感じる値段を平気でつけるのでは、「お客さま第一主義」を唱えながら、実態が伴っていない。

仕事の「あとさき」をもっと重視させよ

——「後工程はお客さま」

トヨタを離れ、生産改革のためにA社に出向したBさんが出社当日に渡されたのは、ぶ厚い引継書だった。Bさんが担当する生産部門と仕入部門について、それぞれ前任者の部長から仕事の進め方などがまとめてある。前任の部長から「この通りにやれば問題ありませんから」と伝えられた。

しかし、Bさんはざっと目を通したもののすぐにしまい込み、社長にこう断わった。

「私は生産改革のために来ました。前任者と同じことを繰り返すだけでは改革にはなりません。私はこの引継書に頼るつもりはありません」

社長は驚き、「それでは困るだろう」と言った。だが、Bさんは一言「何をやるかはお客さまに決めてもらいます」と答えて現場へと向かった。

向かった先は、自分が担当する両部門の後工程だ。トヨタ流で言うところの「お客さま」

である。仕入部門の後工程は生産部門であり、そこも自分の担当となるため、生産部門の実務責任者に話を聞く。また、生産部門の後工程は物流部門や販売部門となるため、それぞれの責任者を訪ね、こう切り出した。

「皆さんにとっての前工程の仕事について、困っていることや改善してほしい点を十個あげて下さい。それに優先順位をつけてもらえますか。すべてにすぐに応えることはできないかもしれませんが、少なくとも上位三つについては早急に解決します。改善はお客さまのためにやるものです。私の務めはお客さまである皆さんの要望にいかに応えるかです。遠慮なく言って下さい」

いくつもの要望が寄せられた。Bさんは言葉通りに一つひとつ改善をしていった。こうして改善が進むにつれ、全社的にも、お客さまである後工程の要望に応えることの大切さが認識されるようになった。こうしてA社の生産改革は大きく前進し、それとともに、社員の意識や風土も確実に変わり始めたという。

「後工程はお客さま」はトヨタ流の言い方だ。他社でも「次工程はお客さま」などと、似たような言い方がされている。

営業や販売の社員にとっては、「お客さま」は日常的に接している存在である。だが、それ以外の部門の人にとっては、「後工程はお客さま」と言われてもピンとこないかもしれない。「どこが自分のお客さまか」さえ認識していない人もいる。ましてBさんのように「お客さまの要求を聞いてくる」発想など持ちようもない。

お客さまを意識する。お客さまの要求をよく理解する。それが仕事には不可欠なのだが、これが案外と難しい。

リコー最高顧問の浜田広氏が、お客さまを意識することの大切さをこう話している。

「マーケットインとは、『お客さまを中心に考える』ことである。お客さまとは、エンドユーザーだけではなく、次工程も意味している。ユーザーの要求する品質は、『使いやすく』『品質もいい』『コストが安い』だけではなく、『つくりやすい』『売りやすい』『運びやすい』『修理しやすい』も含まれる。

全員参加とは、商品企画からアフターサービスまでの全員が、お互いに『お客さま』として、お互いに最大限の配慮をし、お互いの声に耳を傾けて改良、改善することである」(『リコーの大変革』岩井正和　ダイヤモンド社)

仕事は何人もの人の手、いくつもの部署、いくつもの企業が連携することで成立する。そうしてでき上がった商品やサービスが、エンドユーザーであるお客さまの手に渡っていく。その間、それぞれの人、部署、企業が「後工程」を考えることなく、自分たちの都合で仕事を進めたとしたら、どうなるのだろうか。

いいモノをつくり、いいサービスを提供するためには、仕事にかかわるすべての人が、お客さままである後工程を意識することが欠かせない。

ちなみに、マーケットイン（お客さま視点の発想、行動）の対語は、プロダクトアウト（供給者主導の発想、行動）である。

「しやすさ」の追求

トヨタ生産方式を実践しているC社で部品物流部門を担当しているDさんが、お客さまである組立部門のために何かできないかを考えた。

C社は組立工程に段ボール箱のまま部品を持ち込み、そこで担当者が包装を解くという作業を行なっていた。これではよけいなゴミが出る上に、組立担当者が付加価値のつかないムダな作業を行なうことになってしまう。

そこでDさんは、事前に段ボールを開け、包装紙も外して必要な部品だけをそろえて届けるように改善をした。これだけでも組立工程はずいぶんと楽になった。

Dさんは、もっとできることはないかと考えた。工具や治具《じぐ》（補助工具）を使用しない簡単なサブ組立をして部品を届けることを思いつく。部品物流部門がこうしたサブ組立をすれば、組立部門はもっとレベルの高い作業に専念できる。生産性も上がり、付加価値も高まると考えた。

だが、Ｄさんの上司は部品物流部門の仕事が増えることにあまりいい顔をしなかった。自分たちは任された仕事をきちんとやればよく、それ以上のことはやる必要がない、もしやるのなら仕入業者にやってもらって納品させればいい、という考えだった。

それでもＤさんは諦めず、根気よく説得して実現にこぎつけた。効果は予想以上だった。何をサブ組立するかについて、部門同士のコミュニケーションを密にする必要がある上、自分たちがより多くのサブ組立をすることで、明らかに生産性が向上することが励みになった。

それ以前は面白みのない仕事と考えられていた部品物流部門が、いつの間にか活性化し、社員一人ひとりの知恵の出し方が違ってきた。

上司も、効果が確認されてからは、この取り組みの横展を積極的に進めるようになった。今では会社全体が「後工程はお客さま」を意識するようになっている。

部分の仕事に専念していると、お客さまを忘れがちになる。そんな時には前工程や後工程に目を向けることで、お客さまを意識することにつなげる。上司は、とかく部分に向きがちな部下の目を、前工程や後工程へと向ける努力をする。仕事は一気通貫だ。社員一人ひとりが後工程の「〇〇しやすさ」を追求して、強い企業、強い組織が実現する。

「要求には提案で応じる」を根づかせる

――「断わる勇気がつくる力を養う」

トヨタ生産方式の導入を考えている衣料品メーカーA社の社長Bさんから、こんな相談を受けた。

「何でも『はい、はい』だとダメになるような気がするんですよ。うちの社員に『時には断わる勇気が必要だぞ』とよく言うんですが、実際にはなかなか言えるものではないですね。だからこそ、つくる力をつけたいと思っているんですよ」

A社は、自社ブランドこそ持たないものの、有名ブランドメーカーの衣料品をほとんど手がけている。シェア・ナンバーワンの分野も持つ隠れた優良企業だ。だが、この何年か中国との競争が激しくなり、各メーカーからの価格引き下げ要求が厳しくなる一方だ。

質を比較すれば、明らかにA社が勝つ。しかし価格を比較すれば、当然ながら圧倒的に中国製品が安い。高級品はともかく、一般的な商品については「もっと価格を下げてほしい」という要求が出るのは仕方のないことだ。

だが、Bさんからすると、自社の営業マンがあまりに簡単にメーカーの要求を呑みすぎることに我慢がならなかった。

ムリな注文を受けて、工場に「お客さまの要求だから」と強制する。工場もムリをして、その結果、利益は、ほとんど原価ぎりぎりというケースが少なくない。Bさんが「なぜこんな注文を受けるんだ」と言っても、営業責任者は「今後の取引を考えるとやるしかありません」と言うばかりだ。

ムリを続けた結果、最近では利益率が急速に低下し、このままでは日本でのモノづくりが難しくなってきた。Bさんは日本でのモノづくりを続けたいとトヨタ生産方式に活路を求めたのだ。

「いいモノをより早く、しかも中国に負けない価格でつくりたいんです。つくる力がつけば、メーカーの言いなりではなく、自分たちからもさまざまな提案ができるようになりますから」

力がないからイエスマンになる

この話を聞いて、何年もトヨタ生産方式を実践している電子部品メーカーC社を思い出した。C社も高いシェアを誇っているが、大手電機メーカーに部品を供給する立場だ。ある年、最大の得意先から価格の二〇パーセントダウンという要求を突きつけられた。C社の利益率は三〇パーセント近い。要求を呑んでも利益は確保できる。反対に、断われば注文量が大幅に減る可能性がある。営業責任者は価格を引き下げてでも受注継続を望んだ。だが、C社トップは「そんな無茶な注文は受けられない」と断わってしまった。

得意先は即座にC社との取引を中止、タイと中国の会社に向かった。

ところが、数か月後、得意先から「もう一度取引を開始してくれないか」という申し出があった。タイと中国の部品は、価格はC社よりはるかに安いのだが、不良品が多すぎてどうにもならない、と言う。

C社トップは承諾し、ただし取引を再開する条件を二つあげた。「以前の一〇パーセントアップの価格ならやる」「品質を無視して価格だけで企業を評価する担当者では困る」だった。得意先はこれを呑み、取引が復活することとなった。

C社トップは、当時を振り返ってこんな話をしていた。

「下請けの立場だと、取引先の要求は何でも『はい、はい』と聞きがちですが、それではいいモノをより早くより安くつくるのは難しくなります。時には仕事が減っても断わる勇気を持つことが必要だと実感しました。自分たちにしっかりとしたつくる力があれば、仕事はおのずと増えていくものですから」

Ｃ社の話を聞いて、Ｂさんは「そうです。そうしないとつくる力なんて絶対につきませんから」と言い、生産改革への決意を固めることとなった。

知恵の数だけ人は育つ

上司の言うことを何でも黙って聞く部下や、取引先の言うことを何でも聞いてくれる担当者は、上司や取引先にとっては可愛く重宝なものだ。だが、現実の仕事は時に相手に厳しいことを言うのも必要である。お互いに知恵を出し合ってこそ、お互いに成長し、信頼も生まれるというものだ。

トヨタグループで働くＤさんは、最初は取引先に言われるがままの仕事をしていた。だが、先輩に「どんな相手にも提案できることはあるぞ」と言われて以来、自分が気がついたことは積極的に提案するようになった。

取引先の一つに大量の在庫を抱えている企業があり、Ｄさんは「こうすれば在庫が減らせる」という提案書を作成して持参した。ところが、取引先の社長は「どうしてお前のような若造にあれこれ言われなければならないんだ。お前は俺の注文した通りのモノを持ってくればいいいんだ」と怒り出してしまった。

取引先の社長は決してわからず屋ではない。勉強熱心で、人の話もよく聞く人なのだ。ただ、Dさんのような若い取引先の人間に自分の会社の問題点を指摘されたことに我慢がならなかったようだ。「同じことを経営学者のドラッカーに言われたとしたら、社長も素直に聞いたと思いますが、私のような若い人間には言われたくなかったのでしょう」と笑って当時を振り返っていた。

それでもDさんはめげずに根気よく説得を続けた。やがて社長も「わかった、俺も前から何とかしなくてはと思っていた。在庫を減らすのに協力してくれ」と納得、Dさんと社長の在庫減らしへの取り組みが始まることになった。

「提案しろと言うと、『取引先の規模が大きすぎて』と尻込みする人がいます。ですが、規模の大小に関係なく、学ぶべき点もあれば、提案できる点もあります。『ご無理ごもっとも』では信頼関係は生まれません。相手からきちんと学び、きちんと提案することから信頼が生まれ、仕事は大きく前へ進むことになります」

このDさんの言葉がすべてをあらわしている。仕事は言いなりでは困る。ともに知恵を出し、ともに成長する。それが「仕事をする」ということだ。

トヨタ流は、上司の指示にさえ「知恵をつけろ」と言う。それほど、言いなりよりも知恵をつけることを重んじる。「知恵の数だけ人は育つ」のだ。

最終案が最善案ではない

――「一つの目的に対して手段は非常に多い」

食品メーカーA社で、工場で増加する物流クレームの解決が課題となった。

製品は、隣接する物流センターに納入され、仕分け（分荷）後、夕方からトラックが得意先へと出発する。納入時間に間に合わせることが何より重要で、受注がピークとなる週末には人海戦術で対応する。それでもムリな場合には、臨時便のトラックを走らせてでも間に合わせる。にもかかわらず、遅延や欠品、破損、誤品などにより予定通りの納品ができないケースが多発していたのだ。

工場長と物流センター長の共催で対策会議を開いた。その結果、分荷時間を改善して、臨時便や物流クレームを減らすことになった。そのため数千万円かけて新設備を導入するという稟議《りんぎ》書が、本部長Bさんのところにあがってきた。

「問題は分荷だけなのか」と疑問を感じたBさんは、稟議書をいったん却下した。そして、元トヨタマンCさんに改善の知恵がないかと相談をした。Cさんはさっそく物流センターに足を運んだ。すると、さまざまな問題がわかった。

出荷時間が遅れる原因の七〇パーセントは確かに分荷の遅れによる。だが、遅れる原因はほかにもある。生産の遅れ、数量不足、外注品の納入遅れなどだ。新設備を入れればすべて解決するほど単純ではなかった。

物流センターからすれば、工場が指定時間に正確な数を納入してくれれば、遅れはほぼ防げる。だが工場のライン長は自分がつくっている商品の正確な出荷時間さえ知らず、「うちはちゃんとやっている。出荷遅れは物流センターに問題がある」と考えていた。

しかもA社の場合、物流クレームはこの工場に限った話ではなかった。程度の差こそあれ、どの工場でも問題が起きている。にもかかわらず、誰も全社的な解決をはかろうとは考えていなかった。

こうした事情を踏まえ、Cさんは本部長Bさんにこうアドバイスした。

「この工場に限らず、情報とモノが一緒に流れていないという問題がある。この問題を解決しない限りは、新設備の導入で一時的な解決ははかれたとしても、いずれ同じような問題が生じる。大切なのは安易に設備を更新することではありません。問題の真因を突き止めて、抜本的な改善をすることです」

Bさんはすぐに物流クレームを生産本部全体の問題として専任プロジェクトを組んだ。約一年間にわたる改善活動の結果、A社は全社的に物流クレームを大幅に減らすことに成功したのである。

もし稟議書のまま決裁をしていればどうであったろうか。新設備導入で分荷時間が短縮し、一時的な解決ははかれたかもしれない。だが、欠品などの根本的な問題はそのままになったし、全社的なクレーム減は絶対に不可能だった。

「物流クレームを減らす」という目的は一つだが、解決する手段はいくつもある。問題が起きた時は、とことん掘り下げて考えていく。でないと、表面を取りつくろうだけに終わり、根本的には何も解決しない事態が生じる。あるいは、多額のお金をかけた割には効果が低かったりする。

Cさんは「本当にこの解決法でいいのか」と繰り返すのが習慣だ。それは、トヨタ時代に、大野耐一氏から何度も言われたことだった。

一見ムダが改善につながる

大野氏は、このように言っている。

「改善を進める場合、検討の過程では『一つの目的に対して、その手段なり方法は非常に多い』のである。だから、まず考えられる改善案を数多くあげる。それらを総合的に一つひとつじっくり検討する。そして、最善の策を選ぶべきである」（『トヨタ生産方式』大野耐一　ダイヤモンド社）

大野氏は、こんな例をあげていた。

一人の人間を減らすために、十万円の装置を取りつける案がある。十万円で一人減らせれば、会社としては得だ。しかし、よく検討したら、作業手順を変えることで、一人減らせることがわかった。こうなると、装置取りつけ案は、むしろ失敗案となる。

「十分な検討が行なわれないうちに進めた改善は、とかく金をかけすぎた、原価低減度の低いものになりがちだ」

というトヨタ流の考え方をあらわすエピソードがある。

「トヨタの若手技術者が、問題を意欲的に解決しようとしている。『なぜ』を五回繰り返し、注意深く問題の原因を探し出す。それから考え抜き、最後に素晴らしい解決法を思いつく。その解決法の詳細を詰めて、職場の先輩の意見を聞く。先輩はそのアイデアを評価して、ほめてくれる代わりに『君は、ほかにどんな代替案を検討したんだ。君の解決法は代替案と比較してどうなんだ』と問い詰められる。この技術者は、最高のアイデアを考えついたと思っていたのに」（『ザ・トヨタウェイ』ジェフリー・K・ライカー　日経BP社）

人は、ある解決策を思いつくと、それが最善と考えて、他案を考えようとしない傾向がある。確かにその解決策は素晴らしいものなのかもしれない。だが、同時にいくつもの案を考えて、比較検討する過程で、さらによい解決策が見つかる可能性がある。

いくつもの案を考えて比較検討することは、一見ムダに思えるかもしれない。しかし、たくさんの人からたくさんの意見を集め、十分な検討を重ねた案であれば、途中でトラブルが発生したとしてもあわてず対処できる。

トヨタ生産方式を実践している企業の管理職がこんな話をしていた。

「モノの流れをフローチャートに示す時、一本の→を使います。『A→B』といった具合です。図にすれば一本の→にすぎませんが、実際の手段、手法はいくらでもあるわけです。たとえば部品注文なら、電話、ファックス、メールもあるし、訪問して口頭ですることもあります。若い社員はすぐにメールでやろうとしますが、実際には時と場合、相手によって使い分けることが必要です。

これは単純な例ですが、目的達成のためには、たくさんある手段、手法の中から状況に合わせてベストの選択をすることが必要だ、とよく話しています」

上司は部下に「君はこの案に決めるまでにいくつの代案を考えたのか」と問いかける。それが、部下から知恵を引き出し、集めるということである。

「遠回りの値打ち」に気づかせよう

――「改善には順番がある」

「トヨタ生産方式は教えてもらうだけではダメで、みずから実践しないと身につかない」

長年にわたりトヨタ生産方式を実践している企業のトップAさんの感想だ。

Aさんは、かなり以前からトヨタ生産方式に興味を持ち、知識は持っていた。それだけに最初は導入も簡単にできると考えていた。が、いざやってみるとたくさんの問題が起こる上、それまで持っていたモノづくりの常識を変える必要もあり、戸惑うことが多かった。それでも一つひとつ問題を解決していくにつれ、「なるほどこういうことか」と納得もいき、その素晴らしさを実感できるようになった。

やがてトヨタ生産方式をベースとして、自分たちなりの知恵もつくようになり、今ではかなり自分たちのものになった実感を持っているという。

確かにAさんの工場に足を踏み入れると、どのライン、どの機械を見ても会社独自の知恵がついており、「つくる力」の高さがひと目で見て取れる。ここにくるまでAさんはかなりの時間をかけ、何度も試行錯誤を重ねたというが、その分、社員の知恵が山のようについた素晴らしい工場になったといえる。

短気は知恵をはばむ

「素晴らしい工場」というと、多くの人は最新鋭の機械が並び、整然とモノをつくる様子を思い浮かべるかもしれない。しかし、トヨタ流の「素晴らしい工場」はちょっと違う。

大野耐一氏がかつてこんなことを言っていた。

「現場に入って見せてもらうと、もう働いている皆さんの目つきで、『あ、ここはなかなかやっているな』とか『ここは、何かちょっと一つもの足らんな』というような感じがするんです。（一般的には）何かいい機械が入っているところの作業者は、何か目に輝きがないような気がする」

「なかなかやっている」と「何かもの足らん」の違いは、現場の人の知恵がついているかついていないかの違いだ。どれだけ新しい機械が並んでいたとしても、現場の知恵がつかず、むしろ機械に使われているような工場ではダメである。たとえ機械は少々古くても手入れが行き届き、たくさんの工夫、たくさんの知恵がついていれば、それは素晴らしい工場といえる。

この「知恵のつけ方」こそが、トヨタ生産方式をわがものとできるかどうかの鍵を握っている。

では、知恵をつけるためにはどうすればいいか。

一つひとつステップを踏みながら進めていくのが最もいい。

たとえば「改善」と一口に言うが、改善には「作業改善」「設備改善」「工程改善」というくつもある。トヨタ流はまず作業改善をやって、次に設備改善を行ない、それから工程改善を行なうという段階を踏んでいく。つまり「改善には順番がある」というのがトヨタ流の考え方である。この過程を通じて、機械や工程にたくさんの現場の知恵がついていくことになる。

ところが、中には短気な人がいる。「時間をかけている暇はない。一気に職場のレイアウトを変えてしまおう」「こういう機械を買えば自動でできる。すぐに新しい機械を買うことにしよう」と考え、実行に移してしまう。一見、目ざしていたものと似たようなものができる。だが違う。違いは何か。現場の知恵がついていないことと、働いている人たちが知恵を出す訓練を行なっていないことだ。

そのため、新しく決められた通りの仕事はできるが、それ以上の知恵を使って仕事をすることができない。これでは現場は強くならない。

トヨタ流は、まず現有の設備で一層よいやり方を考えるために知恵を出す。今の機械をどこまで使えるかをとことんやる。ついに「この機械じゃもうとてもダメだ。あの機械を入れると生産性も上がり、品質もよくなる」と匙《さじ》を投げるほどになって、初めて新しい機械を入れる。さらに、その機械を改善していく。改善する力がないと機械に使われることになるからだ。

こうした力は、実践の中で、自分で試行錯誤を重ねることでしか身につかない。多少の時間はかかったとしても、一つひとつステップを踏み、問題解決のために知恵を出す。一見遠回りだが、実はこれが「つくる力」「考える力」をつける一番の近道である。

条件の「中」で考える

羽生善治《はぶよしはる》四冠が、こんなことを書いていた。

「近道が非常に増えた時代、わざわざ一番遠い道を選んで行くのは損だという思いにかられる。しかし、遠回りをすると、目標に到達するのに時間はかかるだろうが、歩みの過程で思わぬ出会いや発見がある」(『決断力』羽生善治　角川ｏｎｅテーマ21)。

羽生氏が若い頃、一人で考え、学んだ知識は、今の将棋では古くなり、何の役にも立たないという。それでも、その過程で自分の力で吸収した考える力とか未知の局面に出会った時の対処の方法とかは、今でも大いに役に立っているというのだ。

羽生氏のやり方は、「アイデアを思い浮かべる」「それがうまくいくか、細かく調べる」「実践で実行する」「検証、反省する」という四つのプロセスを繰り返すことだ。その基本は自分の力で考え、自分で結論を出すことだ。

将棋の世界でも、もっと効率のよいやり方があるのだろうが、羽生氏は「私は、みずから努力せずに効率よくやろうとすると、身につくことが少ない気がしている。近道思考で、簡単に手に入れたものは、もしかしたらメッキかもしれない。メッキはすぐに剥げてしまうだろう」として、今も一人で考えること、四つの基本プロセスを繰り返すことにこだわりを持っている。

「あの機械を買ってくれなきゃ、改善なんかあほらしくてできんなんて言うやつに限って、どんな機械を与えたってよう改善できんのだ」

というのは大野耐一氏の言葉だ。

上司は部下に与えられた条件の中で最大限の知恵を絞り、改善に取り組むことの大切さを教える。人は一つひとつステップを踏むことで知恵を出すことを覚え、改善する力を身につけていく。実践の中で鍛えられた知恵はどんな局面でも大いに応用がきく。

もっと「市場に叱られる部下」にせよ

――「お客さまに育ててもらっている部分が非常に大きい」

二〇〇五年九月、愛知万博（愛・地球博）が大盛況のうちに幕を閉じた。

当初は「今さら万博でもないだろう」という見方が多く、目標の千五百万人達成も不安視されていたが、日を追うごとに客足は伸び、最終的には二千二百万人近い人を集めることとなった。

成功の要因の一つに「トヨタ流の日々改善が効果を発揮したのでは」とする見方がある。開幕当初は来場者数が予想を大きく下回った上に、来場者の不満も多かった。弁当の持ち込みの禁止、休憩場所の少なさなどだ。普通はこういう不満に事務局がすぐ対応することはあまりなく、来場者が不便を我慢することが多いのだが、愛知万博のケースは違っていた。不満の声に迅速に対応し、日々改善を重ねていったのだ。「行くたびに前回の不便が改善され、快適になっていた」と言う人もいた。

愛知万博にはたくさんのリピーターがいたという。テーマパークの評価はリピーターの多さで決まる。愛知万博が多くの来場者を集めたのは「昨日より今日、今日より明日」というトヨタ流の「日々改善」の力が確かにあったのかもしれない。

万博に限らず、お客さまの不満はどこにでもある。

それを単なる厄介ごととして聞き流すか、改善への提案と前向きにとらえるかが大きな分岐点だ。

「市場に叱られてこそいい車ができる」

というのは、張富士夫氏の言葉だ。雑誌のインタビューでこう話していた。

「まず直接売ってみて、お客さまの声を聞いて判断しないと、本当にその国に合ったクルマかどうかはわかりません。品質でも、その国の文化や社会性などが微妙に反映します。日本で品質がいいと評価されているものが、米国や中国でも受け入れられるとは限らないのです。最初にまず市場に入り込むことが大事です。

クルマを市場に出してから、お客さまに叱られ、叱られ、だんだんいいものにしていく。言葉を変えると、お客さまに育ててもらっているという部分が、メーカーには必ずあるわけです。その部分が本当に大きい」

「叱られ」るといっても、商品に欠陥があってではもちろんない。メーカーとして商品開発に万全を尽くし、「これは」というモノを自信を持って販売する。あるいは日本では高い評価を得ているものを他の国で販売する。それでもお客さまの使い方や見方はさまざまだ。それが声として返ってくる。そんな声を「苦情」「クレーム」として扱うのか、自社の商品を育ててくれるありがたい「提案」として謙虚に受け止めるかだ。

トヨタ流は、お客さまからのお叱りを確実にモノづくりに反映させていく。それが「お客さまに育ててもらっている」という意味であり、「市場に叱られてこそ、いいクルマができる」という意味だ。

「声」をどう活かす

お客さまの声を「モノづくり」に活かすのがうまい企業の一つに、花王がある。

同社の消費者相談センターは、お客さまの声を聞くだけではなく、他社と差別化された魅力ある商品をつくる戦略的役割も果たしている。年間十万件を超える声が寄せられるが、内容によって苦情や不満なのか、単純な問い合わせなのかを分類、さらにどの事業領域に属するものなのかを細かく分類していく。

雑誌『週刊東洋経済』（東洋経済新報社）によると「話を聞いて、結果として顧客が『勘違いをしていた』とわかった場合でも、それは商品の使い方説明がわかりにくかったかもしれない」と考えるのが花王流だという。こうして見えてきた改善点を商品開発に反映することで、より使いやすく、他社と差別化された商品の開発に成功しているという。

一方、こうした声が届きにくいのが官公庁の世界だ。

公共料金の支払いをコンビニエンスストアで行なうスタイルは今や完全に定着したといえる。最近では税金の支払いがコンビニでできる自治体も増えている。

ところが、実際に業務を始めてみると、支払用紙が複雑すぎるなどの問題が起きてきた。コンビニ側は改善の要請をしたものの、「最初はそんな話はなかった」「改善は来年度以降になる」などすぐに対応する姿勢は見られなかったという。

もちろん民間企業のようにはいかないのだろうが、ものごとはやってみなければわからない面があるし、どれほど事前に周到に計画しても途中での修正は必要になる。そんな時どれだけ真摯《しんし》にお客さまの声に耳を傾けるか、その声をどれだけ反映できるかで市場の評価を得られるかどうかが決まってくる。

商品開発や売上低迷に悩む部下にかける言葉は「お客さまの声を聞け」「市場の声に耳を傾けろ」だ。売れない理由を外に求めるのではなく、ニーズに応えられない自分に求め、日々改善に励む。「市場に叱られてこそいいクルマができる」のと同じように、できる社員もお客さまや市場に叱られてこそ育つというものだ。

この道はトヨタ流に通じる！ 6

堀場製作所創業者の堀場雅夫氏が、経営者と開発担当者のこんな対話を紹介していた。

「お前、この商品をいくらで売るつもりだ」

「五十万円です」

「高いなあ。どうして？」

「原価から考えて、そのくらいでないと採算に乗りませんよ」

「君が購買担当者なら、この値段で買うか」

「私は買いませんが、われわれのユーザーなら買うでしょう」

「いい加減にしろ。そんなもんをつくるな」

『イヤならやめろ！』（堀場雅夫　新潮ＯＨ！文庫）に出てくる話だ。とかく原価＋利益で価格設定しがちな開発者に堀場氏は「自分の月給を出して買えるか」と詰め寄る。するとほとんどが「ちょっと高いです」となり、そこから本当の開発が始まるという。

＊

「誰もが売り手であると同時に、買い手でもある」は、鈴木敏文氏の言葉だ。買い手としては「よいモノを安く」と望みながら、自分が売り手やつくり手になると、それを忘れてしまいがちだ。鈴木氏はこう言っている。

「誰もが会社を一歩離れれば、消費者の一人。自分の消費パターンが変わったと実感している。ほしいのに売っていない、サービスがよくないと不満を持つ。ところが、仕事になると売り手の都合にすり替わり、過去の延長線上で考えてしまう。しかも立場を使い分けていることに気づいていない。ますます顧客とのギャップが広がってしまう」（『鈴木敏文の「本当のようなウソを見抜く」』勝見明　プレジデント社）。「自分がお客なら」を仕事の口癖にすることが大切である。

第七章

「数字にできない重要なこと」の伝承

――「未来の力」を今から引き出す

部下に「経営者の目」を教える

——「仮に君がこの鉄工所の経営者だったら?」

ある人から「トヨタは大企業になっても、なぜ改善を続けることができるのですか」という質問を受けた。

その人の会社は数百人規模だが、いくら「改善提案をしなさい」と言っても、思うように提案が上がってこない。それに対してトヨタの場合は年間五十万件を超える提案が実行に移されている。「なぜ大企業病にかからずに、みんなが改善に励むのか」が不思議でならなかったという。

答えは簡単だ。

筆者は「トヨタは中小企業の集まりのようなものだから、みんなが一生懸命知恵を絞って改善を進めるのですよ」と答えた。

その人は「中小企業の集まりですか?」と怪訝そうな顔をしていたが、そういう見方をしないことにはトヨタ流を理解するのは難しい。

中小企業の経営者というのはたくましいものだと思う。顧客である大企業から、時に難題をふっかけられる。仕入価格の引き下げや納期の短縮など、注文も厳しい。それに応えられないと取引に影響する。ムリと思える注文にも何とか応え、さらに何とか利益をひねり出そうと努力する。

そこに工夫が生まれる。

それに対して、大企業の従業員は、採算を合わせていればいいとなってしまいがちだ。だから、営業が取ってきた難しい注文に平気で文句を言う。お客さまの注文にあらゆる努力を傾けて応えようという意思が希薄だ。まして日々改善によってつくる力を高め、自分の力でお客さまを獲得しようという気持ちはない。

これでは創意工夫は生まれにくい。

トヨタ流の工場では、ラインの責任者は「ライン経営者」と呼んでいいほどに原価低減を初めさまざまなことを考えさせられる。

トヨタ流上司に求められる資質は、大きく五つある。

①仕事についての十分な知識

仕事の流れを監督し、改善すべき点があれば自分で直すか、改善チームの人間を呼んで指示を出す。

②職責の知識

会社の方針、工場の方針などに従って仕事をするための知識である。上から言われてやるのではなく、自分で考えて、みずから行動する能力が求められる。

③教える技術

効果的な教え方で、部下をよく訓練して、立派な多能工に育てる。人を育てる力がないと、トヨタの上司は務まらない。

④人を扱う技術

人と人の関係を円滑にして、全員が生産や改善に参加できるように社員の協力を得る。

⑤改善する技能

決められたことを決められた通りにやるだけではなく、「どこかにムダはないか」「もっといいつくり方はないのか」と常に改善を続ける。

上司は、「監督管理する時間を三分の一以下にしろ。改善する時間が半分になれば、まあ一人前だな」と大野耐一氏が言っていたように、人を育て、人の知恵を引き出し、改善に励んでこそ一人前といえる。

これはサラリーマン感覚でできることではない。一人ひとりが「経営者」であるという自覚を持っているからこそできる。トヨタ流は、会社の社員数にかかわりなく、一人ひとりが人づくりや原価低減に責任を負う「経営者」という自覚を持っている。これが、いわば中小企業の集合体だという理由であり、「日々改善」が続く理由である。

気概で仕事に臨む

最初から、こういう意識が持てたわけではない。大野氏が、トヨタ生産方式の導入を行なっていた当時を振り返って、こんな話をしていた。

「昔は非常に優秀な職長が定年になって辞めると、一種の下請的に、退職金をもとに小さな工場をつくっていた。それが結局、思惑《おもわく》通りにいかなかった。昔の腕だけの人は経営的センスがゼロに近く、最後は事務を人に任せて、経営者であるべき人が弁当を持って通うようになってしまった。そういう例があったから、定年間近になった組長や工長とかに、『ただガムシャラにやっているだけじゃ、結局、今度は自分が雇われて、作業者になってしまうぞ』とアドバイスをしている。

君の今の職場は一生懸命みんなにやらせて、こんなにたくさんモノをつくっている。だが、トヨタはいいモノしか買わない。いくらモノができたといっても、トヨタが買ってくれないとなると、君のところは金がもらえないことになる。しかし材料代や電気代は払わなければならないから、君のところにはたとえば鉄板のかたまりが残るだけじゃないか。君がこの鉄工所をやっているとしたら、家族みんなが困ってしまう。会社が給料を払っているからピンとこないだろうが、仮に君がこの鉄工所の経営者だったら大変困ったことになるはずだ」

こんな話をしながら、大野氏は仕掛品がいかにつまらないものか、売れるモノをつくることがいかに大切さかを教えていた。

上司は部下の経営者意識を育てる。そういう部下の中から、本当の経営者が育ってくる。上司は部下の「未来力」を訓練するといってもいいのだ。

親会社から独立することになったある運送会社の人たちが「以前は原価のことなど考えたこともなかった」と話していた。自分たちの会社になってからは、走るコースの選び方はもちろん、ブレーキやアクセルの踏み方一つに至るまで、「こうすれば早く着ける」「こうすれば燃料の消費を抑えられる」と意識するようになったという。

たとえ小さな部門でも、責任者となった以上は、「経営者である」という自覚を持って仕事に取り組むことが必要だ。経営者になった気概を持って仕事に臨むことである。

部下に「責任者の感覚」を示す
――「今日のことは今日片づける」

トヨタ生産方式を十年以上にわたって実践しているA社トップのBさんの話だ。

A社は、かつては、同じモノをまとめてつくる大量生産方式を行なっていた。ところが、主な納入先である住宅メーカーがトヨタ生産方式を導入し、邸別生産への移行を目ざすこととなった。そのため、A社など部品や部材を供給する会社にも、「必要なモノを、必要な時、必要なだけ」供給する体制への移行を求めるようになってきた。さらに時代も消費者のニーズの多様化に伴い、商品の種類や色が急速に増え始めていることをBさん自身が感じていた。

そこでBさんはグループの他企業に先駆けて、トヨタ生産方式の導入を決断した。やり方はこうだ。すべてのラインを一気に変えるのではなく、モデルラインを選び、そこで新しいつくり方を試みる。さまざまな問題を解決して、「これで大丈夫」となって初めて工場全体に展開する。

導入当初は大変だった。初めてのことだけに、毎日、山のように問題が出る。Bさん自身が気づくこともあれば、モデルラインで作業している社員から指摘を受けることもある。

Bさんは一つの原則を決めて改善に臨んだ。それは、

「今日のことは今日片づける」

ということだ。

たくさんの問題が出る。それを決して先送りしない。その日のうちにすべて改善する。先送りは作業をしている社員に不便を押しつけることだ。

改善は一日の作業が終わってから取りかかる。そのため、終わるのはたいてい夜中になった。そうした生活を半年続けた頃、A社のつくり方は大きく変わり、Bさんも「このやり方でいける」という自信を持つようになった。大変だったが、大変なことを続けたからこその自信だった。

企業の経営者や管理職で自社の仕事のやり方やつくり方について「何が問題か」を気づいている人は結構いる。問題はそれらをBさんのようにみずから解決しようという意思があるか、それとも「問題解決は自分の仕事ではない」と考えているかだ。後者が未来を開いていけるだろうか。

命令に実現力はない

C社は、ずいぶん以前に筆者が何年間か生産改革のお手伝いをさせていただいた企業である。

業績の好転に慢心したC社のトップが本業以外に手を出すようになったため、筆者はそれ以降C社を訪れることはなかった。だが、当時改革の中心にいたD氏が経営の中枢に座るようになり、「停滞する改善について相談したい」という依頼を受けて、何年ぶりかで訪問をした。

案内されて工場を見て回ったところ、筆者がお手伝いしていた当時とあまり変わった様子が見られなかった。変化の激しい時代、現状維持は後退を意味する。それだけに、C社が厳しい状況に置かれている理由はこれだとすぐにわかった。

D氏に「整理と整頓はできているけれど、つくり方は当時とほとんど変わっていないね。改善が停滞しているというか、中には後退したんじゃないかというところもあるね」と言った。「そうなんですよ。私もあれこれ問題点を指摘しては『改善しろ』と言っているのですが、誰もやろうとはしません」という答えが返ってきた。

D氏は筆者と一緒に改善に取り組んだ経験があるだけに、「どこに問題があるか」はよくわかる。しかし、話を聞いていると今のD氏は自分では改善に取り組んでいないようだ。問題を指摘してもみずからやろうとはしない。

これでは過去の栄光はあっても、将来の前進は、はばまれたままだ。

「口で言うだけじゃダメだよ。まずはDさんみずから改善に取り組まないと。上に立つ人間が率先してやって初めてみんなはついてくるものだよ」

そう言ってその日は別れた。

問題点を指摘したり、「やれ」と命じるだけではダメで、気づいたらすぐに問題を解決する習慣がないと、改善は風土として根づかないことをあらためて実感した次第だ。

やってみせるのは最大の説得

「あなたの会社の問題点をあげて下さい」と問えば、社員だけでなく、経営者でさえ、たちどころに十や二十はあげてくる。しかし、「では、どうすれば問題が解決できるかを応えて下さい」と問うと、ほとんどの人が「ムリですよ」と首を横に振る。

トヨタ流でしばしば言われるのは「診断士ではなく治療士になれ」だ。

現場を見て、どこに問題があるかを診断する。しかし肝心の治療をしなかったら現場はいつまでたってもよくならない。現場を改善できる治療をして初めてよくなる。それが上司としての考え方でもあろう。

たとえば検査工の仕事についてもこう考える。

でき上がったモノを検査して合否を判定するのは試験官であり、診断士のレベルだ。大切なのは「なぜ不良が出たのか」を調べて、どうすれば良品が百パーセントできるようになるか生産工程と一緒になって知恵を絞り改善を行なう。これは試験官ではなく、成績を上げるために奮闘する家庭教師であり、治療士のレベルだ。

問題点を指摘して、「改善しろ」と指示を出す。改善が進まないのは現場の責任であり、自分に非はないと考える。

これでは改善は前に進まない。問題点を指摘した以上は結果に責任を持つことが重要だ。指示を受けた人間がやらないのなら、指示を出した人間が率先して改善に乗り出す。あるいは指示を受けた人間がきちんと改善をやり遂げるのを見届けることが必要だ。

問題に気づくだけ、指摘するだけの人間は必要ない。気づいたら即実行に移す。社員一人ひとりが診断士ではなく、治療士になって初めて改善は風土として定着する。

中でも上司は、指示するだけではなく、時に「やってみせる」だけの力量が求められる。

部下に「一生モノ」を磨かせる

――「改善したところをまた改善してさらに改善する」

少し前の話になるが、トヨタグループA社の工場を見て回っていた役員のBさんが、壁に貼ってある一枚の紙に目を向けた。そこには「C社よりも二〇パーセント安い原価を実現する」という目標とともに、改善を重ねた結果、ついに目標を達成したことが書かれていた。

これは凄いことだった。

C社の原価は世界で最も安いことで知られている。それをさらに二〇パーセントも下回るということは、同業他社の中でナンバーワンのコスト競争力を実現したことを意味している。まさしく工場で働く全員が改善に励んだからこその成果だった。

ところが、Bさんはこんな意外な言葉を口にした。

「C社より二〇パーセント安い原価を達成したのはみごとだが、二〇パーセントくらいならすぐに追いつかれる。思い切ってC社の半分くらいを目ざしてはどうか」

A社にとって「二〇パーセント」は簡単な数字ではなかった。これまでのつくり方や材料などをすべて一から見直した上、日々改善を重ねることでようやく達成できた数字だ。ましてや同業他社がこれだけの数字をすぐに達成できるとは考えにくい。

にもかかわらずBさんは思い切って「半分」を目ざせと言う。

A社社員は内心「それはないだろう」と思ったが、同時にトヨタ流の向上心の高さに、今さらのように驚かされた。

もちろんBさんも「二〇パーセント」の凄さは十分にわかっている。簡単に追いつかれるとは思っていない。だが、自分たちのやったことに「やることはやった」と慢心してしまってはその先の歩みが止まってしまう。改善を続けるためには、「これで十分だ」と満足するのではなく、「もっといいやり方は」「どこかにムダはないか」と考え続けることが必要だ。

Bさんは、A社社員の努力は十分に評価しながらも、さらに将来に向かって、上を目ざす気持ちを持ってほしいからこそ、あえて「半分」というさらに厳しい目標を口にしたというわけだ。

約二年にわたってトヨタ生産方式を実践しているD社でも、似たようなことがあった。

D社は年に二回ほど親会社の役員を招いて改善発表会を実施している。最初に工場を見ながら改善の成果を聞き、そのあとで今後の目標を含めて全体会合が開かれる。

工場のある工程で、段取り替え時間が二年で三分の一になったという成果発表があった。多品種少量生産のためには、段取り替えに要する時間は短ければ短いほどいい。その工程は、一年半で三分の一にまで短縮をしている。

ここまでは立派なものだ。だが、ここから先がいけなかった。

つまり、この半年あまりは、ほとんど短縮できていないのだ。D社トップが「なぜなんだ」と聞いたところ、「自分たちの工程はこれだけ段取り替え時間を短くしたのですが、残念ながら他の工程はあまり改善が進んでいません。これ以上やるとかえって全体の問題が起きるんじゃないかと思い、改善をストップしているところです」という答えが返ってきた。

確かにモノづくりには全体最適が必要だ。一つの工程だけの能率を上げて、他の工程の能率が変わらないと、かえって仕掛品などをつくりすぎる恐れもある。その点ではこの社員の言っていることも一理ある。

だが、それは半年間も改善を休む言いわけにはならない。

もし他の工程に問題があるのなら、その工程に行って改善を手伝うこともできる。自分たちの工程についても「他の工程に比べてずいぶん進んだ」と満足するのではなく、同業他社をベンチマークしながら「もっともっと」と改善する必要がある。

改善には踊り場のようなものがある。最初は必死になって改善に取り組むのだが、ある目標を達成すると、「ここまでよくやった」と満足してしまい、次の改善が進まなくなることもある。あるいはいくら改善をしても、当初ほどの華々しい成果が出ず、「このくらいでよしとするか」と妥協する気持ちも出る。

改善に「これでいい」はない。常に先へ先へと進む強い気持ちが欠かせない。

慢心をチェックせよ

大野氏はしばしば剣術の先生について修行する話をしていた。

剣術の達人を目ざして先生について懸命に修行する。そのうちに先生と三本勝負をして二本勝てるようになる。そこで「俺は先生より強くなった」と慢心してしまうと、その人はそれなりでダメになる。さらに強くなる修行を重ねて、初めて人は一流の達人になることができる。

改善も昨日までのことを考えて、「ああ、これは倍もできるようになった」と考えたら、その人は改善ができなくなってしまう。せっかく改善の芽のつかみ方を覚えたのなら、未来を指向したほうがいい。「この下には別の改善の芽があるんだ、もっとできるようになるんだ」と考えて改善に励む。一つ改善して「こんなによくなりました」と満足していると、次の改善の芽を踏み潰すことになってしまう。

こんな言葉もある。

「若い頃、五人でやっていた仕事を三人でやれるように改善したと自慢していると、大野耐一氏に『それからどうするのかを考えよ。自分の改善したものをさらに改善できる人が真のプロフェッショナルである』と、叱られたことがあります。つまり、『やることはやった』と慢心するのではなく、真のビジネスのプロとして、飽くなき改善、新しい戦い方、仕事の仕組みを考え、それを勇気を持って、みずから断行することが大切だということです」(『トヨタ経営語録』小宮和行　PHP文庫)

トヨタ流で大切なのは「改善をする」だけではなく、

「改善したところを、また改善して、さらに改善をする」

という改善の繰り返しだ。

上司は部下の慢心をチェックしなければならない。成果は成果として認め、「それからどうするかを考えよ」とさらに未来を目ざす気持ちを植えつけるのだ。

部下に「会社の遺伝子」を伝える
――「企業の遺伝子は何もしないと薄らぐ」

企業にはそれぞれ経営理念があり、固有の社風がある。

そこには創業者の熱い思いが込められており、企業のありようや社員のものの見方や考え方、行動の仕方に大きな影響を与えることとなる。

すぐれた企業にはすぐれた経営理念があり、経営理念を軽視したり大きく逸脱する行動をした企業は厳しい状況へと追い込まれるケースが少なくない。それだけに、創業の思いをいかに若い社員へ伝えていくかは、とても大切なことなのだ。

だが、時に伝え方を間違えると企業を間違った方向へ導く怖さも秘めている。

リコーの創業者はマスコミから「経営の神さま」と呼ばれた市村清氏だ。

リコーには「三愛精神」と呼ばれる理念がしっかりと受け継がれているのだが、ある時期、市村氏の言葉が社内で間違って伝えられたことで問題が生じたことがある。

リコー最高顧問の浜田広氏が、そのあたりの事情をこう伝えている。

「何せ神さまだから、社内に凄い影響力がある。営業出身で『ひん曲がったものでも売ってくるのが営業だ』という言い方をする。極端な比喩的表現だ。ところが、この言葉が文字通りに受け止められた。商品が品質上の問題を抱えていても、売れないのは営業が悪い、そういう批判がまかり通る社風になってしまっていたのだ。社長（市村氏）が言葉の裏に込めた精神論的な趣旨は理解されていない。

私は逆に、ひん曲がったものは売ってはならないのが営業だと言って抵抗した。

とにかく、神さまの一言はそのぐらいの影響力があるのだ。

私はよく覚えているが、市村清（社長）が『市場調査は万能ではない』と言ったことがある。『万能ではない』というのは至言である。確かに市場調査は万能ではないから、部分否定するのは正しい。しかし当時のリコーでは、その一言があったために、市場調査が全部否定されてしまうのである。カリスマ経営者にぶら下がって上を見ながら仕事をしている幹部には、そのレベルの人間が多かった」（『浜田広が語る「随所に主となる」人間経営学』浜田広　講談社）

いい経営者ほど注意しなければいけないことであり、上司についても同様のことがいえるだろう。

「経営の神さま」の誤解

聞くところによれば、元祖「経営の神さま」で松下電器産業創業者である松下幸之助氏の言葉についても、ずいぶんと誤解や曲解があったという。

松下氏の言葉や松下氏が実践した経営手法が世の中に与えた影響は絶大だった。松下電器社内はもちろん、多くの経営者が松下氏の言葉に耳を傾け、経営のやり方を参考にしたものである。

ところが、松下電器OBによると、ある時期から、松下電器社内では幸之助氏の言ったことややったことが神聖視されるあまり、企業行動を制約する弊害も生じたという。

何か新しいことをやろうとしても幸之助氏を絶対視する幹部が反対をする。その繰り返しが松下電器の変化を妨げた。それが数年前の松下電器の経営の危機的状況を招いたと指摘する人がいるほどだ。

「松下V字回復」を成し遂げた中村邦夫氏は、社長就任直後から事業部制の廃止など次々と改革を打ち出した。そのため、あたかも「幸之助哲学の破壊者」であるかのように言われた時期がある。だが、あるOBによると、中村氏は幸之助哲学の破壊者ではなく、幸之助哲学を今という時代に活かそうとしているのだという。

「幸之助氏の威光をかさにきて発言する幹部は、何か新しいことをやろうとすると、『幸之助氏を否定するのか』と言って反対しました。ですが、一部の社員は『幸之助氏が今の時代に生きていたら、率先して古いやり方を否定して、新しいやり方を取り入れたのではないか』と話していたものです」

中村氏自身、雑誌のインタビューでこんな話をしている。

「幸之助の理念は、絶対に消してはならない。その時どきに創業者だったらどう決断したかをみんなが考えれば、創業理念は常に心の中で生き続けます。そういう企業を堅持したいのです」

市村清氏にしろ、幸之助氏にしろ、すぐれた時代感覚を持ち、お客さまが求めるものを提供した人物だ。だからこそ、今日のリコー三愛グループや松下電器グループの基礎を築くことができた。

その過程で生まれたのが経営理念であり、創業者の言葉の数々だ。

大切なのは浜田氏が言うように、そこに込められた精神を正しく理解して正しく継承していくことだ。時代背景を無視して一部の言葉だけを抜き出して、自分たちの都合のよいように解釈したり、変化に反対する理由に使ったりするのは、決して彼らの本意ではないはずだ。理念を伝え、それを未来に活かして強い企業をつくる支柱とする。それができるかどうかは、ひとえにそれを伝える上司の姿勢にかかっている。

理念をどう使うか

トヨタは、受け継がれてきた経営上の信念や価値観を、誰の目にも見え、体系立てて理解できるように集約した「トヨタウェイ二〇〇一」をまとめ、世界中のトヨタマンが共有できるように努めている。

なぜそれほど「トヨタウェイ」にこだわるかといえば、企業の遺伝子は放っておくと薄らいでいくという危機感からだ。

トヨタ自動車技監の林南八氏が雑誌『日経ビジネス』（日経ＢＰ社）でこんな話をしていた。

「生命体の遺伝子は放っておいても受け継がれる。だが、企業の遺伝子は違う。何もしないと薄らいでいく」

林氏が言うように企業の遺伝子は努力しないと薄らいでいく。あるいは誤解・曲解されて間違った形で伝わっていく恐れがある。

そうならないためには「伝えよう」という強力な意志が欠かせない。また、林氏のように生産現場を通してトヨタの精神を日々伝え、根づかせていく存在が欠かせない。

経営理念や創業の精神はただ言葉で伝えるだけでは、そうそう伝わるものではない。何よりも日々の仕事を通し、日々先輩から後輩へと伝えられ、受け継がれていってこそ真に役立つものとなることができる。

上司は部下に仕事のやり方を教えるだけではなく、企業の遺伝子を伝えていく役割も担っている。経営理念や創業の精神を伝え、それらを使って新しいものを生み出していく。それこそが理念を継承していくということであり、現在の仕事の中に、未来を産みつけていくということでもある。

あとがき

長く続いた採用抑制も、各社が大量採用を発表するなど、優秀な人材の確保へと大きくシフトしているようです。間近に迫った団塊《だんかい》世代の大量退職と合わせ、どうやって人材を確保し、育て、企業の財産である技能や知識を継承していくかが、大きなテーマとなっています。

企業には、技術力や販売力なども重要ですが、最重要なのは「人」です。人づくりなくして企業の成長はあり得ません。「モノづくりは人づくり」は、トヨタ流伝統の考え方です。人の可能性を信じ、人づくりに心血を注ぐことがトヨタ流マネジメントなのです。

本書は、そのために役に立つであろうトヨタ流のものの見方や考え方、行動の仕方を、それを端的に表現したキーワードとともに紹介しました。読者の皆様の仕事と人生のヒントとなれば、これにまさる幸せはありません。

なお、本書に引用した大野耐一氏の言葉やエピソードの多くは筆者のノートからの引用ですが、より正確を期するために、大野氏の著書『トヨタ生産方式』（ダイヤモンド社）や、『大野耐一の現場経営』（日本能率協会マネジメントセンター）、『工場管理』一九九〇年八月号（日刊工業新聞社）などを参照させていただきました。

ほかに豊田英二氏の『決断』（日経ビジネス人文庫）、豊田英二研究会の『豊田英二語録』（小学館文庫）、野口恒氏の『トヨタ生産方式を創った男』（TBSブリタニカ）、柴田誠氏の『トヨタ語の事典』（日本実業出版社）、日野三十四氏の『トヨタ経営システムの研究』（ダイヤモンド社）、片山修氏の『トヨタの方式』『トヨタはいかにして「最強の車」をつくったか』（ともに小学館文庫）、『トヨタはいかにして「最強の社員」をつくったか』（祥伝社）、『誰も知らないトヨタ』（幻冬舎）、日本経済新聞社の『奥田イズムがトヨタを変えた』『人間発見　私の経営哲学』（ともに日経ビジネス人文庫）、ジェフリー・K・ライカー氏の『ザ・トヨタウェイ』（日経BP社）、プレジデント編集部編『トヨタ式仕事の教科書』（プレジデント社）などの書籍、および新聞や雑誌の経済記事からも多くのヒントや情報をいただきました。厚くお礼申し上げます。なお、引用文は、文章の中での読みやすさを優先し、必ずしも原文通りではありません。

本書の執筆にあたっては、トヨタ自動車やトヨタグループの皆様はもちろん、カルマンを立ち上げて以降出会った多くの経営者や生産現場で活躍する方々から、貴重なアドバイスをいただきました。深く感謝申し上げます。また、企画、編集にあたっては桑原晃弥氏、吉田宏氏のご尽力をいただきました。あわせてお礼申し上げます。

●著者紹介

若松 義人（わかまつ・よしひと）

1937年宮城県生まれ。トヨタ自動車工業に入社後、生産、原価、購買の各部門で、大野耐一氏のもと「トヨタ生産方式」の実践、改善、普及に努める。84年以降は農業機械メーカーや住宅メーカーなどでもトヨタ方式の導入と実践にあたった。91年韓国大宇自動車顧問。92年カルマン株式会社設立。現在同社代表取締役社長。西安交通大学客員教授。著書に『トヨタ流 自己改善力』（経済界）『トヨタ流 自分を伸ばす仕事術』『トヨタ流 最強の社員はこう育つ』（成美文庫）『トヨタ式人づくりモノづくり』『トヨタ式人間力』『トヨタ式生産力』『トヨタ式改善力』（ダイヤモンド社）『なぜトヨタは人を育てるのがうまいのか』（PHP新書）『最強トヨタの七つの習慣』（だいわ文庫）などがある。

トヨタ流 マネジメント力

2006年5月5日　初版第1刷発行

著　者　若松義人
発行人　佐藤有美
編集人　渡部周

ISBN4-7667-8359-X

発行所　株式会社 経済界
〒105-0001　東京都港区虎ノ門2-6-4
出版部☎03（3503）1213
販売部☎03（3503）1212
振替00130-8-160266

組版／㈲後楽舎
印刷／㈱光邦

新刊	新刊	新刊	3刷出来	4刷出来	4刷出来
決定版 サプリメント図鑑 2007	ヘッドハンティング・バイブル	[図解]1日で「脳」が15歳若返る簡単レッスン40	日本語翻訳版 フィンランド国語教科書 小学4年生	[図解]フィンランド・メソッド入門	トヨタ流 自己改善力
NPO法人 日本サプリメント評議会編	現役最前線ヘッドハンター 佐藤文男	医学博士・作家 米山公啓	メルヴィ・バレ／マルック・トゥリネン／リトバ・コスキパー著 北川達夫ほか訳編	北川達夫 & FM普及会	カルマン社長 若松義人
第三者機関として医師・専門家が評価した中立&公正、安心&安全最新情報。150種類以上の優良製品大集合。	本当の採用指導、最新スカウト事情、経営者・人事のホンネがわかる。慶應義塾大学教授・島田晴雄氏推薦の書。	今からでも遅くない。「若脳」は取り戻せる！ もっと脳からキレイになる法。	対象年齢・10歳以上〜大人まで。フィンランド教育の本当の秘密とは。発想力、論理力、表現力、批判的思考力・コミュニケーション力の5つの力が一冊に凝縮された教科書。	競争でもない。ゆとりでもない。放任でもない。詰めこみでもない。OECDの学習到達度調査（PISA）で世界トップクラスを誇るフィンランド教育ノウハウを初公開。	トヨタ生産方式を実践している人たちは、具体的にどのようなものの見方、考え方、行動の仕方をしているのか。多くの企業で採用のロングセラー。
A5判並製 二一〇〇円	A5判上製 一六〇〇円	一五〇〇円	B5判並製 本文二色 一五〇〇円	AB変判並製 本文オールカラー 二一〇〇円	B5判並製 本文二色（一部オールカラー） 一五〇〇円	四六判上製 一六八〇円

※表価各はすべて税込みです。